문법에서 회화까지 기초 다지기

Vision
大学日本語

上

김태광 저

(주)백산출판사

머리말

반갑습니다.

"Vision 대학일본어" 세계에 오신 것을 환영합니다.

일본어 공부에서 가장 중요한 것은 처음 가졌던 흥미를 잃지 않고 재미있게 끝까지 꾸준히 공부하는 것입니다.

이 책은 일본어를 재미있게 체계적으로 공부하려는 여러분을 위해 만든 일본어 첫걸음 학습교재입니다. 일본어 입문에 필요한 기초단어, 문법, 독해는 물론 기본회화와 실전연습이 가능하도록 배려하였고, 일본어와 일본 이해에 필수적이라 할 수 있는 일본문화에 대해서도 이해도를 높일 수 있도록 배려하였습니다.

모쪼록 이 책으로 공부하는 여러분은, 일본어에 대한 흥미와 자신감을 가지고 일본어를 꾸준히 공부하시어, 일본어를 통한 자기발전과 많은 유익한 정보 습득, 그리고 인생의 성공을 거두기 위한 힘찬 발걸음을 내딛기 바랍니다. 감사합니다.

著者

이 책의 구성 및 특징

▶ **체계적인 일본어 기초학습교재**

　1~2과와 부록의 일본어 가나쓰기 연습을 통해 문자와 발음을 체계적으로 습득

　15주 수업과 학습과정체제로 구성

　명사, 형용사, 동사 순의 일본어 습득 과정 충실

▶ **각 과마다 목표달성을 위한 7단계 과정 설정**

　첫 번째 페이지는 【본문】으로 본문과 단어 습득

　두 번째 페이지는 【해설】로 기본문형과 문법 습득

　세 번째 페이지는 【회화연습】으로 기본회화 연습

　네 번째 페이지는 【문형연습】으로 기본문형 연습

　다섯 번째 페이지는 【실전연습】으로 본문 테마학습과 본문 회화·작문 연습

　여섯 번째 페이지는 【기본 인사말】로 기본회화 습득

　일곱 번째 페이지는 【일본문화】로 일본문화에 대한 지식 및 관련 일본어 습득

▶ **기본회화, 기본어휘, 기본문법, 일본문화 등 일본어 기초를 다지는 데 충실**

▶ **가나쓰기 연습을 부록에 추가하여 생활회화를 통한 가나쓰기 연습 기능 강화**

차례

일본어의 문자와 발음 (1)

1) 일본어의 문자

일본어 문자인 가나에는 히라가나(ひらがな, 平仮名)와 가타가나(カタカナ, 片仮名)의 두 종류가 있다. 현재 히라가나는 일반적인 표기를 할 때 사용되고, 가타가나는 외래어 표기나, 의성어와 의태어, 전보문, 강조표현 등에 사용되고 있다.

2) 가나의 자원(字源)

가나는 한자를 모체로 한 문자로, 9~10세기경부터 만들어 사용하였다. 히라가나는 한자의 초서체에서 발전한 것이고, 가타가나는 한자의 머리, 부수, 변 등의 일부를 간략화 하여 만든 것이다. '글자의 원천'이라는 의미의 히라가나와 가타가나의 자원(字源)은 다음과 같다.

히라가나(ひらがな) 字源

あ	安	い	以	う	宇	え	衣	お	於
か	加	き	幾	く	久	け	計	こ	己
さ	左	し	之	す	寸	せ	世	そ	曾
た	太	ち	知	つ	川	て	天	と	止
な	奈	に	仁	ぬ	奴	ね	祢	の	乃
は	波	ひ	比	ふ	不	へ	部	ほ	保
ま	末	み	美	む	武	め	女	も	毛
や	也			ゆ	由			よ	与
ら	良	り	利	る	留	れ	礼	ろ	呂
わ	和							を	遠
ん	无								

가타가나(カタカナ) 字源

ア	阿	イ	伊	ウ	宇	エ	江	オ	於
カ	加	キ	幾	ク	久	ケ	介	コ	己
サ	散	シ	之	ス	須	セ	世	ソ	曾
タ	多	チ	千	ツ	川	テ	天	ト	止
ナ	奈	ニ	仁	ヌ	奴	ネ	祢	ノ	乃
ハ	八	ヒ	比	フ	不	ヘ	部	ホ	保
マ	万	ミ	三	ム	牟	メ	女	モ	毛
ヤ	也			ユ	由			ヨ	与
ラ	良	リ	利	ル	流	レ	礼	ロ	呂
ワ	和							ヲ	乎
ン	尒								

3) 한자어의 읽기

일본어는 가나와 한자를 병용해서 사용한다. 일본은 현재 1,945자의 상용한자(常用漢字)를 정하여 사용하고 있으며, 한자는 우리나라와 달리 정자(正字)를 사용하지 않고 약자(略字)를 사용한다. 이 외에도 수는 적지만, 일본에서 만든 한자인 국자(国字)를 사용하는 경우도 있다.

 예

✓ **略字의 예**   學生 (학생, 한국) → 学生 (학생, 일본)

✓ **国字의 예**   働く (はたらく 일하다),   峠 (とうげ 산고개),   枠 (わく 테두리),

辻 (つじ 십자로),   凪 (なぎ 잔잔한 바다)

한국어와 마찬가지로 일본도 문장 속에 한자를 섞어 쓰는 점은 같다. 그러나 한국어는 한자를 읽을 때 한자의 음으로 읽는 음독(音讀)만 있는 데 비해, 일본어에서는 음독과 더불어 한자의 뜻으로 읽는 훈독(訓讀)이 있다. 또한 2자 이상의 한자로 이루어진 한자어휘의 경우는 '音+音, 訓+訓, 音+訓(또는 訓+音)'의 세 가지 조합(組合)이 있다. 즉, 한자어의 읽는 방법에는 크게 나누어 세 가지가 있는데, 한자의 음으로 읽는 음독(音讀)과 한자의 뜻으로 읽는 훈독(訓讀), 그리고 음독과 훈독을 섞어서 사용하는 경우이다.

예 〈음독과 훈독의 예〉

✓ **音讀**   歌 (한국, 가/ 일본, か(가))

音 (한국, 음/ 일본, おん(온))

✓ **訓讀**   歌 (한국, 사용하지 않음/ 일본, うた(우타(노래)))

音 (한국, 사용하지 않음/ 일본, おと(오토(소리)))

한자 어휘의 조합

(1) 음독(音讀) : 한자를 음으로 읽는 것

> 예 国家 (こっか 국가), 都市 (とし 도시)

(2) 훈독(訓讀) : 한자를 뜻으로 읽는 것

> 예 国 (くに 나라), 都 (みやこ 도읍지)

(3) 음독 + 훈독, 훈독 + 음독

> 예 職場 (しょくば 직장, 음+훈), 身分 (みぶん 신분, 훈+음)

4) 오십음도(五十音図) 표

일본어 문자인 가나를 5자씩 10열 배열한 도표를 오십음도라 하며 10행(行)과 5단(段)으로 이루어져 있다. 오십음도에는 히라가나 오십음도와 가타가나 오십음도가 있다.

오십음도(五十音図) 표(청음, 히라가나+가타가나)

	あ단	い단	う단	え단	お단
あ행	あ ア / あい 사랑	い イ / いえ 집	う ウ / うえ 위	え エ / え 그림	お オ / あお 파랑
か행	か カ / かき 감	き キ / き 나무	く ク / きく 국화	け ケ / いけ 연못	こ コ / こえ 소리
さ행	さ サ / あさ 아침	し シ / しか 사슴	す ス / すいか 수박	せ セ / あせ 땀	そ ソ / うそ 거짓말
た행	た タ / たけ 대나무	ち チ / ちち 아빠	つ ッ / つき 달	て テ / て 손	と ト / とけい 시계
な행	な ナ / なし 배	に ニ / あに 형, 오빠	ぬ ヌ / いぬ 강아지	ね ネ / ねこ 고양이	の ノ / のり 김

14

	あ단	い단	う단	え단	お단
は행	は ハ はは 엄마	ひ ヒ ひこうき 비행기	ふ フ ふね 배	へ ヘ へや 방	ほ ホ ほんだな 서가
ま행	ま マ くま 곰	み ミ みみ 귀	む ム むし 벌레	め メ め 눈	も モ くも 거미
や행	や ヤ やま 산		ゆ ユ ゆき 눈		よ ヨ よなか 한밤
ら행	ら ラ そら 하늘	り リ りす 다람쥐	る ル くるま 자동차	れ レ れっしゃ 열차	ろ ロ ろば 당나귀
わ행	わ ワ わたし 나				を ヲ ゆめを みる 꿈을 꾼다
받침글자	ん ン ㅇ, ㄴ, ㅁ にほんご 일본어				

청음(淸音) 발음

(1) あ행

우리말의 [아, 이, 우, 에, 오]에 가깝게 발음. 단, [う]발음은 우리말의 [우]와 [으]의 중간쯤의 음. [う] 단 발음은 이하에서도 동일하게 적용됨. 일본어에서 あ행은 모음임.

(2) か행

우리말의 [카, 키, 쿠, 케, 코]에 가깝게 발음. 단, か행의 [k]음은 단어의 맨 앞에 올 때는 우리말의 발음의 [ㄱ]과 [ㅋ]에 가깝고, 그 외에는 [ㅋ]과 [ㄲ]에 가깝게 발음됨.

(3) さ행

우리말의 [사, 시, 스, 세, 소]에 가깝게 발음됨.

(4) た행

우리말의 [타, 치, 츠, 테, 토]에 가깝게 발음됨. 단, [た] [て] [と]음은 단어의 맨 앞에 올 때는 우리말의 발음의 [ㄷ]과 [ㅌ]에 가깝고, 그 외에는 [ㅌ]과 [ㄸ]에 가깝게 발음됨. [ち] [つ]의 경우는 우리말에는 없는 발음으로, 발음에 유의해야 함.

(5) な행

우리말의 [나, 니, 누, 네, 노]와 거의 같음.

⑹ **は행**

우리말의 〔하, 히, 후, 헤, 호〕에 가깝게 발음. 〔ひ〕와 〔ふ〕는 한국어의 발음보다
강하게 발음됨.

⑺ **ま행**

우리말의 〔마, 미, 무, 메, 모〕와 거의 같음.

⑻ **や행**

우리말의 〔야, 유, 요〕에 가깝게 발음. 일본어에서 や행은 반모음임.

⑼ **ら행**

우리말의 〔라, 리, 루, 레, 로〕와 거의 같음. 영어의 〔1〕로 발음하지 않도록 유의.

⑽ **わ행**

〔わ〕는 우리말의 〔와〕와 거의 같음. 〔を〕의 발음은 あ행의 〔お〕와 동일하며, 목적
격조사로 〔~을(를)〕을 뜻함. 〔ん〕은 받침으로 우리말의 〔ㅇ, ㄴ, ㅁ〕의 세 가지
발음에 가깝게 발음됨.

5) 청음(清音)

(1) 히라가나 あ행∼な행 필순

あ	か	さ	た	な
い	き	し	ち	に
う	く	す	つ	ぬ
え	け	せ	て	ね
お	こ	そ	と	の

(1)-2. 가타가나 あ행~な행 필순

ア	カ	サ	タ	ナ
イ	キ	シ	チ	ニ
ウ	ク	ス	ツ	ヌ
エ	ケ	セ	テ	ネ
オ	コ	ソ	ト	ノ

(2) 히라가나 は행~わ행 필순

は	ま	や	ら	わ
ひ	み		り	
ふ	む	ゆ	る	を
へ	め		れ	
ほ	も	よ	ろ	특수음 ん

(2)-2. 가타가나 は행~わ행 필순

ハ	マ	ヤ	ラ	ワ
ヒ	ミ		リ	
フ	ム	ユ	ル	ヲ
ヘ	メ		レ	
ホ	モ	ヨ	ロ	ン

일본어의 문자와 발음 (2)

1) 탁음(濁音) ; (청음 + ゛)

일본어의 탁음은 오십음도(청음) 중,「か」,「さ」,「た」,「は」행(行)의 가나문자 위에 [゛](탁점, 濁点)을 붙여서 나타낸다.

⌘ **히라가나 탁음(濁音) 표** ⌘

が 가 ga	ぎ 기 gi	ぐ 구 gu	げ 게 ge	ご 고 go
めがね 안경	かぎ 열쇠	かぐ 가구	げんかん 현관	たまご 달걀
ざ 자 za	じ 지 zi	ず 즈 zu	ぜ 제 ze	ぞ 조 zo
ざしき 손님방	そうじ 청소	すずめ 참새	かぜ 바람	ぞう 코끼리
だ 다 da	ぢ 지 zi	づ 즈 zu	で 데 de	ど 도 do
くだもの 과일	はなぢ 코피	つづき 연결	でんわ 전화	こども 어린이
ば 바 ba	び 비 bi	ぶ 부 bu	べ 베 be	ぼ 보 bo
かば 하마	えび 새우	ぶた 돼지	くちべに 립스틱	ぼうし 모자

가타가나 탁음(濁音) 표

ガ ga	ギ gi	グ gu	ゲ ge	ゴ go
ガム 껌	ギター 기타	グラス 컵	ゲスト 손님	ゴルフ 골프
ザ za	ジ zi	ズ zu	ゼ ze	ゾ zo
ザボン 자몽	ジーンズ 바지	ズボン 바지	ゼロ 영	ゾーン 지역, 존
ダ da	ヂ zi	ヅ zu	デ de	ド do
ダイヤル 다이얼	―	―	デザート 디저트	ドア 문
バ ba	ビ bi	ブ bu	ベ be	ボ bo
バナナ 바나나	ビール 맥주	ブラシ 브러시	ベルト 벨트	ボー 공

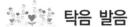 **탁음 발음**

(1) **が행**

영어의 [g] 발음과 같음. 우리말의 [**가, 기, 구, 게, 고**]에 비슷하나, 약간 약하고
비음(콧소리)에 가깝게 발음.

24

⑵ ざ행

영어의 [z] 발음과 같음. 우리말의 [**자, 지, 즈, 제, 조**]에 비슷하나, 조금 더 부드럽고 약간 울리게 발음.

⑶ だ행

영어의 [d]에 해당하는 발음. 우리말의 [**다, 지, 즈, 데, 도**]에 가깝게 발음. [ぢ] [づ]는 앞의 [じ], [ず]와 발음이 동일함.

⑷ ば행

영어의 [b] 발음과 같음. 우리말의 [**바, 비, 부, 베, 보**]와 거의 같으나, 우리말 [ㅂ]보다 부드러운 음임에 유의해야 함.

2) 반탁음(半濁音) ; (청음 + ﾟ)

일본어의 반탁음은 오십음도(청음) 중, 「は」행(行)의 가나문자 위에 [ﾟ](반탁점, 半濁点)을 붙여서 나타낸다.

⌘	히라가나 반탁음(半濁音) 표			⌘
ぱ 파 pa	ぴ 피 pi	ぷ 푸 pu	ぺ 페 pe	ぽ 포 po
かんぱい 건배	えんぴつ 연필	きっぷ 표	ぺこぺこ 꼬르륵	しっぽ 꼬리

⌘	가타가나 반탁음(半濁音) 표			⌘
パ pa	ピ pi	プ pu	ペ pe	ポ po
パンツ 팬츠	ピアノ 피아노	プール 수영장	ペンギン 펭귄	ポスト 우체통

🌸 반탁음 발음

반탁음은 ぱ행 뿐임. 단어의 맨 앞에 올 때는 영어의 [p] 에 해당하는 발음으로 우리말의 [파, 피, 푸, 페, 포]에 가깝게 발음. 단어의 중간 이하에 올 때는 [ㅃ] 에 가깝게 발음됨.

3) 요음(拗音) ; (い단(段) + 작은 ゃ·ゅ·ょ)

일본어의 요음은 い단(き, ぎ, し, じ, ち, ぢ, に, ひ, び, ぴ, み, り)의 자음 가나문자의 오른쪽 밑 부분에 「や, ゆ, よ」를 작게 표기하여 두 자처럼 보이지만 앞 음절과 함께한 음절로 발음한다.

히라가나 요음(拗音) 표		
きゃ 캬 kya	きゅ 큐 kyu	きょ 쿄 kyo
しゃ 샤 sha	しゅ 슈 shu	しょ 쇼 sho
ちゃ 챠 cha	ちゅ 츄 chu	ちょ 쵸 cho
にゃ 냐 nya	にゅ 뉴 nyu	にょ 뇨 nyo
ひゃ 햐 hya	ひゅ 휴 hyu	ひょ 효 hyo
みゃ 먀 mya	みゅ 뮤 myu	みょ 묘 myo
りゃ 랴 rya	りゅ 류 ryu	りょ 료 ryo
ぎゃ 갸 gya	ぎゅ 규 gyu	ぎょ 교 gyo
じゃ 쟈 ja	じゅ 쥬 ju	じょ 죠 jo
びゃ 뱌 bya	びゅ 뷰 byu	びょ 뵤 byo
ぴゃ 퍄 pya	ぴゅ 퓨 pyu	ぴょ 표 pyo

가타가나 요음(拗音) 표

キャ	kya	キュ	kyu	キョ	kyo
シャ	sha	シュ	shu	ショ	sho
チャ	cha	チュ	chu	チョ	cho
ニャ	nya	ニュ	nyu	ニョ	nyo
ヒャ	hya	ヒュ	hyu	ヒョ	hyo
ミャ	mya	ミュ	myu	ミョ	myo
リャ	rya	リュ	ryu	リョ	ryo
ギャ	gya	ギュ	gyu	ギョ	gyo
ジャ	ja	ジュ	ju	ジョ	jo
ビャ	bya	ビュ	byu	ビョ	byo
ピャ	pya	ピュ	pyu	ピョ	pyo

4) 촉음(促音) ; (작은 「っ」)

촉음은 「つ」를 작게 쓴 것. 작은 「っ」임. 뒤에 오는 글자에 따라 「ㄱ, ㅅ, ㄷ, ㅂ」으로
발음됨. 요음과는 달리 1박자의 음 길이를 가짐.

(1) 「か」행의 음이 뒤에 올 때는 「ㄱ」으로 발음됨

> 예   がっこう(학교),   にっき(일기),   がっき(악기),   バッグ(가방)

(2) 「さ」행의 음이 뒤에 올 때는 「ㅅ」으로 발음됨

> 예   ざっし(잡지),   あっしょう(압승),   きっさてん(찻집),
> マッサージ(마사지)

(3) 「た」행의 음이 뒤에 올 때는 「ㄷ」으로 발음됨

> 예   きって(우표),   ヘルメット(헬멧),   スイッチ(스위치),
> ロケット(로켓)

(4) 「ぱ」행의 음이 뒤에 올 때는 「ㅂ」으로 발음됨

> 예   きっぷ(차표),   いっぷん(1분),   コップ(컵),   トップ(톱, top)

5) 발음(撥音) ; (받침 글자인 「ん」)

발음(撥音)은 받침 글자인 「ん」임. 뒤에 오는 글자의 초성음에 따라 우리나라의 「ㄴ, ㅁ, ㅇ」과 비슷한 음으로 발음됨.

(1) 「ざ, た, だ, な, ら」행의 음이 뒤에 올 때는 「ㄴ」으로 발음됨

> 예) にんじん(당근), せんたく(세탁), うんどう(운동), おんな(여자)

(2) 「ま, ば, ぱ」행의 음이 뒤에 올 때는 「ㅁ」으로 발음됨

> 예) とんぼ(잠자리), しんぶん(신문), たんぽぽ(민들레),
> ハンマ(망치)

(3) 「か, が」행의 음이 뒤에 올 때는 「ㅇ」으로 발음됨.

> 예) きんか(무궁화), まんが(만화), てんいん(점원), ワンワン(멍멍)

(4) 단어의 맨 끝이나 さ행과 모음(あ행), 반모음(や행·わ행), は행 음 앞에 오는 경우는 우리말의 「ㄴ」과 「ㅇ」의 중간음으로 발음됨. 단, さ행 앞에 오는 경우는 「ㅇ」보다는 「ㄴ」에 좀 더 가깝고, 모음, 반모음, は행 음 앞에 오는 경우는 「ㄴ」보다는 「ㅇ」에 좀 더 가깝게 발음됨

> 예) えほん(그림책), かばん(가방), でんわ(전화), しんい(진의(眞意))

6) 장음(長音)

　장음은 동일한 단(段)의 음이 연속될 경우, 뒤에 오는 모음을 장음화해서 발음하는 것으로 「あ, い, う, え, お」로 표기됨. 단, 가타가나는 「ー」로 표기함.

(1) あ단(段)의 장음

　「あ」를 붙여서 장음을 나타냄.

　　예) おか<u>あ</u>さん(어머니),　おば<u>あ</u>さん(할머니),　ハンガ<u>ー</u>(옷걸이)

(2) い단(段)의 장음

　「い」를 붙여서 장음을 나타냄.

　　예) おに<u>い</u>さん(형님, 오빠),　おじ<u>い</u>さん(할아버지)

(3) う단(段)의 장음

　「う」를 붙여서 장음을 나타냄.

　　예) す<u>う</u>がく(수학),　ど<u>う</u>ぐ(도구),　ふ<u>う</u>せん(풍선)

(4) え단(段)의 장음

　「え」를 붙여서 장음을 나타냄. 한자어의 경우는 「え」를 붙여서 장음을 나타내는 경우도 있는데, 이 경우 발음은 [e : (에-)] 또는 [e i (에이)]로 발음함.

　　예) おね<u>え</u>さん(누님, 언니),　とけ<u>い</u>(시계),　せんせ<u>い</u>(선생님)

(5) お단(段)의 장음

　「う」, 「お」를 붙여서 장음을 나타냄.

　　예) おと<u>う</u>さん(아버님),　くうこ<u>う</u>(공항),　ト<u>ー</u>スト(토스트)

3 과 いま 何時ですか _{지금 몇 시예요?}

会話 1

金　　：すみません。何時ですか。

田中：8時です。

金　　：東京は いま 何時ですか。

田中：東京も 8時ですよ。

金　　：東京も いま 午後 8時ですか。

田中：はい、そうです。

金　　：ありがとうございます。

田中：どういたしまして。

いま(今)：지금　　何時(なんじ)：몇 시　　~です(か)：~입니다(입니까?)　　　田中(たなか)：타나카(사람성씨)

すみません：실례합니다, 미안합니다　　8時(はちじ)：8시　　東京(とうきょう)：도쿄, 동경

~は[wa]：~은(~는)　　~も：~도, 이나　　~ですよ：~이에요　　午後(ごご)：오후　　はい：예

そうです：그렇습니다　　ありがとうございます：고맙습니다, 감사합니다　　どういたしまして：천만에요

会話 2

李　　：すみません。何時ですか。

中村：ちょうど 9時(くじ)です。

李　　：今日(きょう)の 授業(じゅぎょう)は 何時からですか。

中村：10時(じゅうじ)からです。

李　　：何時までですか。

中村：4時(よじ)までです。

李　　：日本語(にほんご)の 授業は 何時から何時までですか。

中村：7時(しちじ)から 9時までです。

中村(なかむら)：나카무라(사람이름)　　ちょうど：정각, 정확히, 딱　　9時(くじ)：9시　　今日(きょう)：오늘

～の：～의　　授業(じゅぎょう)：수업　　～から：～부터(~에서)　　10時(じゅうじ)：10시　　～まで：～까지

4時(よじ)：4시　　日本語(にほんご)：일본어　　7時(しちじ)：7시

해설

1. いま なんじですか。지금 몇 시예요?

「なんじ(何時)」는「몇 시」,「～ですか」는 「~입니까?」에 해당.「いま なんじです か」는「지금 몇 시예요?」라는 뜻으로 시간(じかん)을 물을 때 쓰는 표현이다.

예 ① いま なんじですか。(지금 몇 시예요?)

いちじです。(1시입니다)

② 東京は 今 何時ですか。(도쿄는 지금 몇 시예요?)

東京も 午前 11時です。(도쿄도 오전 11시입니다)

2. 「～は ～です(か)」

「～は ～です(か)」는「～은 ～입니다(까?)」에 해당.「は [wa]」는 우리말「은/는」에 해당하는 조사이다.

예 ① アメリカは いま なんじですか。(미국은 지금 몇 시예요?)

6時です。(6시입니다)

② ソウルは いま 何時ですか。(서울은 지금 몇 시예요?)

ソウルも 午後 6時です。(서울도 오후 6시입니다)

3. 「~から ~まで」

「~에서(부터) ~까지」에 해당. から는 기점을 나타내는 조사이고, まで는 한도를 나타내는 조사임.

예 ① ソウルから 釜山まで （서울에서 부산까지）

② 日本語の 授業は 2時から 3時までです。 （일본어 수업은 2시부터 3시까지입니다）

4. 시각(時刻)

	なん	時/じ	分/ふん	秒/びょう
1	いち	いちじ	いっぷん	いちびょう
2	に	にじ	にふん	にびょう
3	さん	さんじ	さんぷん	さんびょう
4	し・よん・よ	よじ	よんぷん	よんびょう
5	ご	ごじ	ごふん	ごびょう
6	ろく	ろくじ	ろっぷん	ろくびょう
7	しち・なな	しちじ	ななふん	ななびょう
8	はち	はちじ	はっぷん	はちびょう
9	く・きゅう	くじ	きゅうふん	きゅうびょう
10	じゅう	じゅうじ	じゅっぷん/じっぷん	じゅうびょう
11	じゅういち	じゅういちじ	じゅういっぷん	じゅういちびょう
12	じゅうに	じゅうにじ	じゅうにふん	じゅうにびょう

5. 시점(時点)

ごぜん(午前) 오전	しょうご(正午) 정오	ごご(午後) 오후
あさ(朝) 아침	ひる(昼) 점심(낮)	よる(夜) 저녁

회화연습

1. すみません。いま、なんじですか。

① にじ さんぷんです。

② くじ じゅうさんぷんです。

③ しちじ さんじゅっぷんです(はんです)。

④ いま じゅういちじ よんじゅっぷんです。

⑤ ちょうど じゅうじです。

⑥ _____

2. 今日の 日本語の 授業は 何時からですか。

① 朝 9時 からです。

② 朝 10時 からです。

③ 午後 1時 からです。

④ 午後 2時 からです。

⑤ 夜_{よる} 6時 半_{はん} からです。

⑥ ＿＿＿＿＿＿＿＿＿＿＿

 문형연습

✓ やって みよう(한번 해보자)

1.

A : すみません。いま 何時ですか。

B : <u>ごご いちじ</u> です。

A : ありがとうございます。

B : どういたしまして。

1. 오전 9:00　　　　　2. 오전 10:30

3. 오후 2:00　　　　　4. 오후 6:30

2.

　A : 東京まで 何時間(なんじかん) かかりますか。

　B : <u>いちじかん</u> です。

　1. 1시간 20분　　　　　2. 1시간 40분

3.

項目	時間
日本(にほん)の 銀行(ぎんこう)	오전 9:00~오후 3:00
韓国(かんこく)の 銀行	오전 9:30~오후 3:30
日本の 郵便局(ゆうびんきょく)	오전 9:00~오후 5:00
今日の 授業	오전 11:00~오후 4:00
今日の 会議(かいぎ)	오후 2:00~4:00

　A : <u>日本の 銀行</u>は 何時から 何時までですか。

　B : <u>午前 9時</u>から <u>午後 3時</u>までです。

　1. 韓国の 銀行　　　　2. 日本の 郵便局

　3. 今日の 日本語の授業　　4. 今日の 会議

실전연습

1. 간단한 자기 일과표

〈日課表(にっかひょう)〉

例(れい)

一時間目(いちじかんめ) 첫 시간째　　休(やす)み時間(じかん) : 쉬는 시간　　昼食(ちゅうしょく) : 중식

昼休(ひるやす)み : 점심 쉬는 시간　　下校(げこう) : 하교 등

✐ 지금까지 배운 내용을 가지고 간단한 자기의 하루 일과표(수업시간, 점심시간 등)를 작
　성한 후, 친구와 서로 대화를 해보세요.

2. 묻고 대답하기

① すみません。いま 何時ですか。

→ _____

② 東京まで 何時間 かかりますか。

→ _____

③ 明日(あした)の 授業は 何時から 何時までですか。

→ _____

3. 짧은 글짓기

① 정각 10시입니다.

→ _____

② 귀가(おかえり)는 몇 시쯤입니까?

→ _____

③ 오늘 수업은 오전 9시 30분에서 오후 3시 20분까지입니다.

→ _____

기본 인사말

すみません。	미안합니다. 감사합니다.
ありがとうございます。	고맙습니다.
どういたしまして。	천만에요. 별 말씀을.
お待^またせ(いた)しました。	기다리게 해서 죄송합니다. 오래 기다리셨습니다.
いただきます。	잘 먹겠습니다. 잘 마시겠습니다.
ごちそうさま(でした)。	잘 먹었습니다.

일본문화

◎ 일본 풍토와 자연환경

1. 일본 열도

- 혼슈(本州), 홋카이도(北海道), 시코쿠(四国), 규슈(九州)의 4개의 큰 섬외에 6,900여개의 크고 작은 섬들로 구성.
- 국토면적은 약 38만㎢로 남한의 약 4배, 한반도의 1.7배, 미국의 1/25.
- 인구는 2024년도 기준 1억 2,400만명.

2. 일본의 생활환경

- 고온다습한 풍토 조건
  예 후스마(일본의 종이 미닫이문, 칸막이 기능 역할), 다다미 방
- 긴 장마와 많은 태풍, 지진, 화산 등으로 자연재해에 대한 준비가 철저
- 뚜렷한 사계절 변화는 일본인들의 섬세한 미적 감각을 길러냄
  예 화도(華道), 다도(茶道), 와카(和歌), 하이쿠(排句) 등

3. 가장 좋아하는 꽃

- さくら(桜, 벚꽃), きく(菊, 국화, 황실 꽃)

4. 전통 의복

- きもの (着物, 키모노)

5. 국기

- すもう(相撲, 스모우)

4 과 はじめまして _{처음 뵙겠습니다}

学習ポイント
1. 『자기소개』. はじめまして。～
2. 『여동생 소개』, 『가족 호칭』. こちらは わたしの いもうとの ミナです。
3. 『'です'의 부정형』. ～では ありません。

会話 1

中田 ： はじめまして。

わたしは 中田(なかた)と 申(もう)します。

どうぞ よろしく お願(ねが)いします。

朴 ： はじめまして。

わたしは 朴(バク)です。

こちらこそ どうぞ よろしく おねがいします。

中田 ： 朴さんは 日本人(にほんじん)ですか。

朴 ： いいえ、日本人(にほんじん)では ありません。わたしは 韓国人(かんこくじん)
です。

はじめまして : 처음 뵙겠습니다   わたし(私) : 나, 저   中田(なかた) : 나카타(사람이름)   ～申(もう)します : ~라고 합니다.
どうぞ : 부디(아무쪼록, 영어로는 Please의 의미가 강함, 문장에 따라서는 굳이 해석을 안 해도 되는 경우가 많음)
よろしく : 잘   お願い(おねがい) : 부탁   します : 합니다   朴(バク) : 박(사람 성씨)   こちら : 이쪽(저)
～こそ : ~야말로(강조)   さん : ○○씨, 님   中国人(ちゅうごくじん) : 고맙습니다   ～ですか : ~입니까?
いいえ : 아니에요(No)   ～では(じゃ) ありません : ~이(가) 아닙니다   韓国人(かんこくじん) : 한국인

会話 2

金　　：田中さん。こんにちは。

田中　：あ、金さん。こんにちは。

金　　：こちらは わたしの いもうとの ミナです。

ミナ　：はじめまして。ミナです。

　　　　どうぞ よろしく おねがいします。

田中　：はじめまして。田中です。

　　　　こちらこそ どうぞ よろしく。

　　　　ミナさんも 大学生ですか。

ミナ　：いいえ、大学生じゃ ありません。

　　　　わたしは 高校生です。

田中(たなか)：타나카(사람　이름)　　こんにちは：안녕하세요(점심인사)　　あ、：아(감탄사)　　いもうと(妹)：여동생

の：~의, ~인(동격)　　ミナ：미나(사람 이름)　　~も：~도(~나)　　大学生(だいがくせい)：대학생

高校生(こうこうせい)：고등학생(참고로, 여고생은 女子高生(じょしこうせい)라고 함)

1. はじめまして 처음 뵙겠습니다.

「はじめまして」는 처음 만났을 때 나누는 인사말이다. 보통 뒤에 자기 이름과 함께 「どうぞ よろしく」나 「どうぞ よろしく お願いします」를 사용하여 앞으로 자기에게 잘 대해 줄 것을 부탁하는 말이다. 자기 이름을 더 정중하게 말할 때는 「~です ~입니다」 대신에 「~と 申します ~라고 합니다」를 사용한다. 또한 「저(나)」를 나타낼 때는 남자일 경우는 「わたし」와 함께 「ぼく」를 많이 사용하고, 여자일 경우는 「わたし」를 사용한다.

예 ① はじめまして。中田と 申します。(저음 뵙겠습니다. 나카타라고 합니다.)

　　はじめまして。わたしは 金度亨と 申します。(저음 뵙겠습니다. 저는 김도형이라고 합니다.)

② はじめまして。李です。どうぞ よろしく お願いします。

(저음 뵙겠습니다. 이(李)입니다. 잘 부탁드립니다)

はじめまして。徐です。こちらこそ どうぞ よろしく お願いします。

(저음 뵙겠습니다. 서(徐)입니다. 저야말로 잘 부탁드립니다)

2. 「こちらは 私の いもうとの ミナです。」

해석은 「이쪽은 제 여동생인 미나입니다」에 해당. 일본어 문장의 특징 중에 하나가 「の」를 많이 사용하는 것인데, 앞의 「私の」의 「の」는 소유격으로 우리말로 해석 시는 생략해도 되는 경우가 일반적이다. 뒤의 「いもうとの」의 「の」는 동격(同格)으로 우리말로 해석 시는 「~인」으로 해석된다.

예 ① こちらは ぼくの 弟の 財亨です。(이쪽은 제 남동생인 재형입니다.)

② こちらは わたしの 友達の 李です。(이쪽은 제 친구인 이(李)입니다.)

③ こちらは わたしの 母です。(이쪽은 제 어머니입니다.)

3. ~では(じゃ) ありません

~가 아닙니다. 'です'의 부정형. 회화체로는 'では'의 줄임말인 'じゃ'를 많이 사용한다.

4. 가족 호칭

자기 가족		상대방 가족
祖父(そふ)	할아버지	おじいさん
祖母(そぼ)	할머니	おばあさん
父(ちち)	아버지	お父さん (おとうさん)
母(はは)	어머니	お母さん (おかあさん)
兄(あに)	형, 오빠	お兄さん (おにいさん)
姉(あね)	누나, 언니	お姉さん (おねえさん)
弟(おとうと)	남동생	弟さん (おとうとさん)
妹(いもうと)	여동생	妹さん (いもうとさん)

🔊 회화연습 ➤

1. 韓国のソウルですか。
   ① はい、そうです。

   ② はい、ソウルです。

   ③ いいえ、ソウルでは ありません。私は 楊州です。

   ④ いいえ、ソウルでは ありません。私は 束草です。

   ⑤ いいえ、ソウルでは ありません。私は 濟州道です。

   ⑥ ＿＿＿＿＿＿＿

2. あなたは 中国人ですか。
   ① はい、そうです。

   ② はい、中国人です。

   ③ いいえ、中国人では ありません。私は 韓国人です。

   ④ いいえ、中国人では ありません。私は 日本人です。

   ⑤ いいえ、中国人では ありません。私は アメリカ人です。

   ⑥ ＿＿＿＿＿＿＿

3. あなたは 会社員^{かいしゃいん}ですか。

① はい、そうです。

② はい、会社員です

③ いいえ、会社員では ありません。私は 公務員^{こうむいん}です。

④ いいえ、会社員では ありません。私は 高校生です。

⑤ ＿＿＿＿＿＿＿＿＿

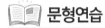 문형연습

✓ やって みよう(한번 해보자)

1.

A : はじめまして。ミナです。どうぞ よろしく おねがいします。

B : はじめまして。田中です。こちらこそ どうぞ よろしく おねがいします。

B : あなたは 高校生ですか。

A : いいえ、高校生では ありません。わたしは 大学生です。

1. 銀行員^{ぎんこういん}

2. 公務員

3. 中学生^{ちゅうがくせい}

4. 小学生^{しょうがくせい}

2.

A：＿＿＿さん。 こんにちは。

B：あ、＿＿＿さん。 こんにちは。

A：こちらは 私の 友だちの ＿＿＿です。

C：はじめまして。＿＿＿です。どうぞ よろしく おねがいします。

B：はじめまして。＿＿＿です。こちらこそ どうぞ よろしく おねがいします。

1. 아침 인사　　　　　　　　2. 저녁 인사

실전연습

1. 간단한 자기소개

〈自己紹介〉

✎ 지금까지 배운 내용을 가지고 간단한 자기소개를 작성한 후, 친구와 서로 자기소개를 해보세요.

2. 묻고 대답하기

① あなたは 中国人ですか。

→ _____

② いもうとさんですか。

→ _____

③ 自己紹介してください。

→ _____

3. 짧은 글짓기

① 저야말로 잘 부탁드립니다.

→ _____

② 저는 중국인이 아닙니다. 한국인입니다.

→ _____

③ 이쪽은 제 여동생인 유미입니다.

→ _____

기본 인사말

はじめまして。　　　　　　　　　　　처음 뵙겠습니다.

私は ○ ○○です。　　　　　　　　　저는 ○ ○○입니다.

私は ○ ○○と 申(もう)します。　　　저는 ○ ○○라고 합니다.

どうぞ よろしく おねがいします。　잘 부탁드립니다.

こちらこそ、どうぞ よろしく おねがいします。　저야말로 잘 부탁드립니다.

おはようございます。　　　　　　　　안녕하세요.(아침 인사)

「おはようございます」는 아침에 건네는 인사말. 일반적으로 친구사이나 손아래 사람에게는 「おはよう」로 줄여서 사용한다. 낮과 저녁 인사말로는 「こんにちは」와 「こんばんは」를 각각 사용한다. 낮과 저녁 인사말의 「は」는 조사로서 사용되어 있기에 [wa 와]로 발음한다는 점에 유의한다.

こんにちは。　　　　　안녕하세요.(낮 인사)

こんばんは。　　　　　안녕하세요.(저녁 인사)

お休(やす)みなさい。　안녕히 주무세요.

お元気(げんき)ですか?　잘 있었어요?(안부), 잘 지내십니까?, 건강하십니까?

はい、おかげさまで。　네, 덕분에.

54

◎ 일본 지도와 행정구역

1. 일본지도

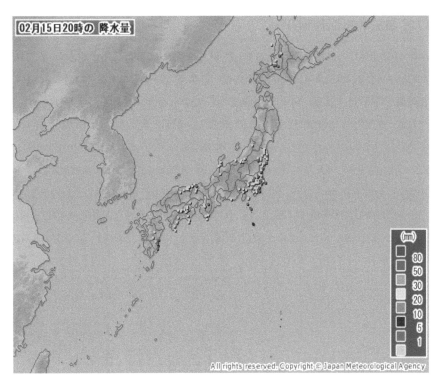

자료: 일본기상청

2. 일본의 행정구역

    일본은 광역 자치 단체인 47개의 토도부현(都道府県)과 기초 자치 단체인 시정촌(市町村)
으로 구성되어 있다. 이처럼 전국이 크게 47개의 행정구역으로 나뉘어 있다. 그 구
성은 도쿄도(東京都), 홋카이도(北海道), 오사카부(大阪府), 교토부(京都府), 그리고 43개
현(県)이다. 이것은 다시 편의상 8개지방으로 구분되는데, 위로부터 홋카이도(北海道),

도호쿠(東北), 간토(関東), 주부(中部), 긴키(近畿), 주고쿠(中国), 시코쿠(四国), 규슈 (九州)로 구분한다.

〈47개 토도부현(都道府県)〉

가가와 현(香川県), 가고시마 현(鹿児島県), 가나가와 현(神奈川県), 고치 현(高知県), 교토 부 (京都府), 구마모토 현(熊本県), 군마 현(群馬県), 기후 현(岐阜県), 나가노 현(長野県), 나가사키 현(長崎県), 나라 현(奈良県), 니가타 현(新潟県), 도야마 현(富山県), 도치기 현(栃木県), 도쿄 도(東京都), 도쿠시마 현(徳島県), 돗토리 현(鳥取県), 미야기 현(宮城県), 미야자키 현(宮崎県), 미에 현(三重県), 사가 현(佐賀県), 사이타마 현(埼玉県), 시가 현(滋賀県), 시마네 현(島根県), 시즈오카 현(静岡県), 아오모리 현(青森県), 아이치 현(愛知県), 아키타 현(秋田県), 야마가타 현(山形県), 야마구치 현(山口県), 야마나시 현(山梨県), 에히메 현(愛媛県), 오사카 부(大阪府), 오이타 현(大分県), 오카야마 현(岡山県), 오키나와 현(沖縄県), 와카야마 현(和歌山県), 이바라키 현(茨城県), 이시카와 현(石川県), 이와테 현(岩手県), 지바 현(千葉県), 홋카이도(北海道)

자료: 위키백과

5 과

これは 何^{なん}ですか 이것은 무엇입니까?

学習ポイント
1. (지시대명사). これ、それ、あれ、どれ
2. (준체조사). あの ねこは だれのですか。
3. それは 黒板で、あれは カーテンです。

会話 1

朴　：これは 何^{なん}ですか。

中田　：それは 鉛筆^{えんぴつ}です。

朴　：それは 何ですか。

中田　：これは 日本語^{にほんご}の 本^{ほん}です。

朴　：これは鉛筆で、あれは日本語の本ですね。

　　　では、あの大^{おお}きい建物^{たてもの}は何ですか。

中田　：あれは 体育館^{たいいくかん}です。

金　：どの 本が 中田さんのですか。

中村　：この 本が 中田さんのです。

金　：あの ねこは どなたのですか。

中村　：この 大学^{だいがく}の 日本語^{にほんご}の 先生^{せんせい}のです。

これ：이것　何(なん)：무엇, 뭐　それ：그것　鉛筆(えんぴつ)：연필　日本語(にほんご)：일본어
本(ほん)：책　あれ：그것　～で：～이고　～ですね：～군요(~네요)　あの：저~　建物(たてもの)：건물
では：그럼　大きい(おおきい)：큰, 커다란　体育館(たいいくかん)：체육관　どの：어느~
の：~의 것(준체조사), ~의(조사)　さん：~씨, 님　ねこ：고양이　どなた：누구, 어느 분('だれ'의 높임말)
大学(だいがく)：대학　先生(せんせい)：선생님

会話 2

金　　：この 帽子(ぼうし)は いくらですか。

店員：それは 3,000円(さんぜんえん)です。

金　　：その 帽子も 3,000円ですか。

店員：いいえ、これは 5,000円(ごせんえん)です。

金　　：あの 帽子は いくらですか。

店員：あれは 2,000円(にせんえん)です。

金　　：それは 5,000円で、あれは 2,000円ですね。
　　　　それじゃ、あれを ください。

店員：はい、ありがとうございます。

帽子(ぼうし)：모자　　いくら：얼마　　店員(てんいん)：점원　　3,000円(さんぜんえん)：삼천엔　　その：그~

いいえ：아니오(No)　　5,000円(ごせんえん)：오천엔　　2,000円(にせんえん)：이천엔　　~で、：~이고

それじゃ：그럼　　ください：주세요, 주십시오　　はい：예　　ありがとうございます：고맙습니다

1. 지시대명사(사물)

「これ」, 「それ」, 「あれ」, 「どれ」는 지시대명사로, 각각 「이것」, 「그것」, 「저것」, 「어느 것」을 가리키는 말이다.

- これ : 말하는 사람으로부터 가까운 거리에 있는 것을 가리킴. 「이것」
- それ : 말하는 사람에게는 멀고 상대방에게 가까운 것을 가리킴. 「그것」
- あれ : 말하는 사람과 상대방으로부터 먼 것, 또는 말하는 사람과 상대방이 공통으로 알고 있는 것을 가리킴. 「저것」 또는 「그것」
- どれ : 확실하지 않은 것을 가리킴. 「어느 것」

예 ① それは 何ですか。 (그것은 무엇입니까?)
② あれは 何ですか。 (저것은 무엇입니까?)
③ わたしのは どれですか。 (제 것은 어느 것입니까?)

2. こ・そ・あ・ど

지시사(사물·장소·방향)를 나타내는 지시대명사와 뒤에 명사가 따르는 지시형용사를 도표로 나타내 보면 다음과 같음

	근칭	중칭	원칭	부정칭
연체	この(이~)	その(그~)	あの(저~)	どの(어느~)
사물	これ(이것)	それ(그것)	あれ(저것)	どれ(어느 것)
장소	ここ(여기)	そこ(거기)	あそこ(저기)	どこ(어디)
방향	こちら(이쪽) こっち	そちら(그쪽) そっち	あちら(저쪽) あっち	どちら(어느 쪽) どっち
형용	こんな(이런)	そんな(그런)	あんな(저런)	どんな(어떤)

3. ~で、

「~이고」에 해당하는 조사임. 일반적으로 뒤에 쉼표를 동반한다.

예 ① わたしは 学生^{がくせい}で、あなたは 先生^{せんせい}です。 (저는 학생이고 당신은 선생님입니다)

② これは 黒板^{こくばん}で、あれは カーテンです。 (이것은 칠판이고, 저것은 커튼입니다)

4. ~の

~의/~의 것. 조사로서 소속이나 소유(~의), 동격(~인)을 나타내거나, 준체조사로서 「の もの(~의 것)」이나 「もの(것)」을 나타냄.

예 ① あの 本^{ほん}は だれのですか。 (저 책은 누구 것입니까?)

② あれは わたしのです。 (저것은 제 것입니다)

5. 동물 명칭

動物(동물)
<ruby>動物<rt>どうぶつ</rt></ruby>(동물)

ライオン 사자	いぬ 개	とら 호랑이
ねこ 고양이	キリン 기린	うさぎ 토끼
さる 원숭이	ひつじ 양	うま 말
ぶた 돼지	くま 곰	うし 소
しまうま 얼룩말	にわとり 닭	やぎ 염소

회화연습

✓ 다음을 일본어로 말해 봅시다.

1.

A : 이것은 뭐예요?

B : 그것은   ① (③) 입니다.

A : 이것도   ① (③) 입니까?

B : 아니요 ① (③) 가(이) 아닙니다.

　　그것은   ② (④) 입니다.

① とら　　　② ライオン　　　③ さる　　　④ くま

2.

A : 저것은 뭐예요?

B : 저것은 ⑤ (⑦) 입니다.

A : 저것도 ⑤ (⑦) 입니까?

B : 아니요 ⑤ (⑦) 가(이) 아닙니다.

　　 저것은 ⑥ (⑧) 입니다.

⑤ いぬ　　　　⑥ ねこ　　　　⑦ うさぎ　　　　⑧ ひつじ

 문형연습

✓ やって みよう(한번 해보자)

1.

A : これは なんですか。

B : それは _____です。

A : だれの _____ですか。

B : _____さんの _____です。

① 時計<ruby>時計<rt>とけい</rt></ruby>　　　　　　　　② ボールペン

2.

A : この 帽子は だれのですか。

B : それは _____ です。

A : その 日本語の 本は だれのですか。

B : これは _____ です。

① 先生、私   ② 金、中田

 실전연습

1. 자기와 친구가 가지고 있는 소지품 목록 작성하기

〈내 것(わたしの もの)〉

〈~씨 것(~さんの もの)〉

✎ 간단히 자기와 친구의 소지품(학용품, 교재, 신변잡화 등)을 적은 후, 친구와 누구 것인지에 관해 묻고 대답해 보세요.

2. 묻고 대답하기

① この 本は だれのですか。

→ _____

② あの 大きい 建物は 何ですか。

→ _____

③ この 帽子^{ぼうし}は いくらですか。

➜ _____

3. 짧은 글짓기

① 이것은 연필이고 저것은 일본어책이군요.

➜ _____

② 그것은 제 노트(ノート)가 아닙니다.

➜ _____

③ 저 고양이는 어느 분 겁니까?

➜ _____

기본 인사말

いって きます。	다녀오겠습니다.
いって (い)らっしゃい。	다녀오세요.
ただいま。	다녀왔습니다.
おかえり(なさい)。	어서와(이제 오세요)
ごはんですよ。	식사하세요.
ごはん たべなさい。	밥 먹어라.

일본문화

◎ 베스트셀러 일본문화론

- 루스베네딕트(미국의 여류문화인류학자), "국화와 칼"(1946년)

  ➔ 염치의 문화론

- 나카네 치에(中根千枝), "수직사회의 인간관계"(1967년)

  ➔ 수직적 사회론

- 도이 다케오(土居建郎, 일본의 정신분석학자), "아마에(甘え)의 구조"(1971년)

  ➔ 응석부리기론

- 이어령(한국인), "축소지향의 일본인"(1982년)

  ➔ 축소지향론

◎ 한일간 동물 울음소리 비교

ぶた	돼지	ぶーぶー
うし	소	もー
いぬ	개	わんわん
ねこ	고양이	にゃー
にわとり	암닭	こけこっこー
すずめ	참새	ちゅんちゅん
からす	까마귀	かーかー
かえる	개구리	げろげろ
ふくろう	부엉이	ほーほー
はち	벌	ぶんぶん

◎ 미아가 된 어린 고양이(일본동요)

まいごの まいごの こねこちゃん

あなたの おうちは どこですか。

なまえを きいても わからない。

おうちを きいても わからない。

にゃん にゃん にゃにゃん にゃん にゃん にゃにゃん

ないてばかりいる こねこちゃん

いぬの おまわりさん こまってしまって

わんわん わわん わんわん わわん

미아가 된 어린 고양이

당신 집은 어디예요?

집을 물어봐도 모른다고 하고

이름을 물어봐도 모른다고 하고

야—옹 야—옹 야—옹 야—옹 야옹야옹야옹야옹

울고만 있는 어린 고양이

경찰인 개는 난처해서

멍—멍—멍—멍— 멍멍멍멍

6 _과 どこに ありますか _{어디에 있습니까?}

学習ポイント
1. (있습니다) **あります。います。**
2. (없습니다) **ありません。いません。**
3. (위치표현) 教室の 前に あります。

会話 1

金　　：トイレは どこに ありますか。

田中 ：教室の 前に あります。

金　　：山本さんは どこに いますか。

田中 ：図書館に います。

李　　：あの 人は だれですか。

中村 ：あの 人は 山本さんの おくさんです。

トイレ：화장실　どこ：어디　～に：～에(조사)　あります：있습니다(식물과 무생물에 사용)

教室(きょうしつ)：교실　前(まえ)：앞　図書館(としょかん)：도서관　あの 人(ひと)：저 사람　だれ：누구

おくさん(奥さん)：부인, 사모님

会話 2

金　　：　この 教室には だれが いますか。

石井：徐さんと 中村さんが います。

金　　：　では、となりの 教室には だれか いますか。

石井：だれも いません。

金　　：日本語の 辞書は どこに ありますか。

石井：ここには ありません。図書館に あります。

教室(きょうしつ)：교실　　～には：～에는　　石井(いしい)：이시이(사람이름)　　だれか：누군가

徐(ソ)：서(사람이름)　　中村(なかむら)：나카무라(사람이름)　　では：그럼　　となり：옆　　～も：～도

いません：없습니다(います의 부정어, 사람과 동물에 사용)　　日本語(にほんご)：일본어　　辞書(じしょ)：사전

どこ：어디　　ここ：여기, 이곳　　ありません：없습니다(あります의 부정어, 식물과 무생물에 사용)

図書館(としょかん)：도서관

1. に あります/に います ~에 있습니다

「~に」는 우리말의 「~에」에 해당되는 조사로 장소를 나타낸다. 「あります」와 「います」는 우리말의 「있습니다」에 해당되는 말로, 「あります」는 식물이나 물건 등 무생물에 쓰이고, 「います」는 사람이나 동물 등 스스로 움직일 수 있는 것에 쓰인다.

예 ① トイレは 教室の 前に あります。(화장실은 교실 앞에 있습니다.)
　　② 本が あります。(책이 있습니다.)
　　③ あそこに 女の 人が います。(저기에 여자가 있습니다.)
　　④ 猫が います。(고양이가 있습니다.)

2. ありません／いません 없습니다

「あります」와 「います」의 부정형은 각각 「ありません」, 「いません」이다.

예 ① トイレは 教室の まえに ありません。(화장실은 교실 앞에 없습니다.)
　　② 本が ありません。(책이 없습니다.)
　　③ だれも いません。(아무도 없습니다.)
　　④ 猫が いません。(고양이가 없습니다.)

3. ~は どこですか ~은(는) 어디입니까?

예 ① 食堂は どこですか。(식당은 어디입니까?)
　　② ホテルは どこですか。(호텔은 어디입니까?)

4. だれか 누군가

「だれか いますか」는 「누구 있어요?」의 의미로, 있는지 없는지를 묻는 말이고, 「だれ が いますか」는 구체적으로 '누가 있어요?'를 묻는 말이다. 「なにか ありますか」와 「なにが ありますか」의 경우도 마찬가지이다.

예

① となりの 教室には だれか いますか。(옆 교실에는 누구 있어요?)

② この 教室には だれが いますか。(이 교실에는 누가 있어요?)

5. 위치 표현

上 위	下 아래	中 안	外 바깥
前 앞	後ろ 뒤	左 왼쪽	右 오른쪽
となり 옆	そば 곁, 옆	東 동쪽	西 서쪽
南 남쪽	北 북쪽		

🔊 회화연습

1.

Q : (図書館) は どこに ありますか。 / どこですか。

A : <u>学生会館の となり</u>に あります。

1. (コーヒショップ)、<u>学生会館の 中</u>

2. (保健室)、<u>文化会館の 中</u>
   ^{ぶんかかいかん}

3. (食堂)、<u>この 建物の 地下</u>

4. (トイレ)、<u>この 階の 奥</u>
   ^{かい} ^{おく}

2.

A : となりの 教室には だれか いますか。

B : はい、います。/(いいえ、だれも いません。)

A : だれが いますか。

B : ＿＿＿＿＿＿ が います

1. 友だち   2. 学生たち

3. 中田さん   4. 犬
                                  ^{いぬ}

문형연습

1. 자기 방 그림을 그린다.

2. 친구에게 자기 방 그림에 대해 설명한다.

    예 つくえの まえに いすが あります。(책상 앞에 의자가 있습니다.)

〈내 방(わたしの へや〉

〈~씨 방(~さんの へや)〉

실전연습

1. 교실에 있는 물건 그리기

1) 교실에 있는 그림을 그린다.

2) 친구에게 자기가 그린 그림에 대해 설명한다.

例 つくえの うえに ノートが あります。(책상 위에 노트가 있어요.) 등

참고 : まど(창문), カーテン(커튼), カレンダ(달력), こくばん(칠판), チョーク(분필), こくばんけし(칠판지우개), と(문), ごみばこ(쓰레기통), つくえ(책상), いす(의자), たな(선생님용 선반), ほん(책), 掲示板(게시판) 등

2. 묻고 대답하기

① トイレは どこですか。

→ _____

② この 教室には だれが いますか。

→ _____

③ 電話ボックスは どこに ありますか。

→ _____の_____に_____

3. 짧은 글짓기

① 식당은 어디에 있습니까?

→ _____

② 교실 안에 누구 있습니까?

→ _____

③ 방안에는 아무도 없습니다.

→ _____

기본 인사말

しつれいします。	실례하겠습니다.
お邪魔(じゃま)します。	실례하겠습니다.
ごめんなさい。	죄송합니다.
ごめんください。	실례합니다. / 계세요?(현관 또는 대문에서)
はい、どなた(/だれ)ですか。	네, 누구십니까?
いいえ、だいじょうぶです。	아니요, 괜찮습니다.
おせわに なりました。	신세졌습니다.
おひさしぶりです。	오래간만입니다.
おめでとうございます。	축하합니다.
おつかれさまでした。	수고하셨습니다.
いらっしゃいませ。	어서 오십시오.
また おこしください。	또 오십시오.

◎ 일본 아니메(애니메이션)

일본문화

1. 전 세계 TV애니메이션 시장 장악

- 전 세계 TV애니메이션 공급 물량의 65% 정도를 일본애니메이션이 장악
- 현재까지 우리나라에도 200편 이상의 일본애니메이션이 방영되었음
- 1960년대 아톰
- 1970년대 은하철도 999, 미래소년 코난, 우주전함 야마토 등

2. 일본 아니메의 특징과 성공 비결

- **그림의 캐릭터가 화려하고 멋짐**

  일반 애니메이션이 끊임없이 움직이는 동작의 아름다움을 추구하는 반면, 일본 아니메는 일본 전통연극의 미의식이나 배우의 동작 등이 영향을 끼쳐 '절정의 순간'과 '정지된 동작'의 아름다움을 추구

- **거대한 서사구조로 긴밀하게 짜여진 스토리**

  일본 아니메는 잘 짜여진 서사구조를 갖고 그 안에 우주의 본질이나 인간의 삶과 사랑과 우정 등을 제시

7 _과 切手 1枚 ください 우표 한 장 주세요

<small>きって　いちまい</small>

学習ポイント
1. (물건 사기) その ももは 1つ いくらですか。
2. (수사, 조수사) すいか 1つ ください。

会話 1

(果物屋で)
<small>くだものや</small>

度亨 ： おじさん、その ももは 1つ いくらですか。

店員 ： 100円です。
<small>ひゃくえん</small>

度亨 ： その すいかは いくらですか。

店員 ： 1,000円です。
<small>せんえん</small>

度亨 ： それじゃ、その もも 5つと すいか 1つ ください。
<small>いっ</small>

店員 ： はい、全部で 1,500円です。
<small>ぜんぶ　せんごひゃくえん</small>

ありがとうございます。

果物屋(くだものや) : 과일가게　　～や(屋) : 가게, 집, 점　　おじさん : 아저씨　　もも : 복숭아　　1つ(ひとつ) : 한 개

いくら : 얼마　　100円(ひゃくえん) : 100엔　　すいか : 수박　　1,000円(せんえん) : 1,000엔　　それじゃ : 그럼

5つ(いつつ) : 다섯 개　　と : ~과(~와)　　ください(下さい) : 주세요, 주십시오　　はい : 예

全部(ぜんぶ)で : 전부(합쳐)　　1,500円(せんごひゃくえん) : 1,500엔

会話 2

（文房具店（ぶんぼうぐてん）で）

度亨 ： すみません。

店員 ： いらっしゃいませ。

度亨 ： 鉛筆（えんぴつ） 2本（にほん）と 切手（きって） 1枚（いちまい） ください。

店員 ： はい。

度亨 ： いくらですか。

店員 ： 全部で 520円（ごひゃくにじゅうえん）です。

　　　　ありがとうございます。

文房具店(ぶんぼうぐてん) : 문방구점　　**すみません** : 실례합니다　　**いらっしゃいませ** : 어서오십시오

鉛筆(えんぴつ) : 연필　　**2本(にほん)** : 두 자루　　**切手(きって)** : 우표　　**1枚(いちまい)** : 한 장

520円(ごひゃくにじゅうえん) : 오백이십엔

1. 果物屋で 과일가게에서

「で」는 우리말의 「~에서」, 「~로」에 해당되는 조사로 장소, 수단, 방법, 재료 등을 나타
내는데, 여기서는 장소를 가리킨다. 「くだもの(果物)」는 과일, 「や(屋)」는 우리말의
「가게」에 해당되는 말이다.

예 ① 家で (집에서)

② 果物屋で (문방구점에서)

2. ください 주세요

「ください」는 「주세요」라는 뜻으로, 주로 물건을 살 때 쓰는 표현이다.

예 ① りんご みっつ ください。 (사과 세 개 주세요)

② みかん ななつ ください。 (귤 일곱 개 주세요)

③ えんぴつ さんぼん ください。 (연필 세 자루 주세요)

④ きって にまい ください。 (우표 두 장 주세요)

3. 수사(数詞)

	고유 숫자	한자 숫자
1	一つ(ひとつ) 하나	いち 일
2	二つ(ふたつ) 둘	に 이
3	三つ(みっつ) 셋	さん 삼
4	四つ(よっつ) 넷	し・よん・よ 사
5	五つ(いつつ) 다섯	ご 오
6	六つ(むっつ) 여섯	ろく 육
7	七つ(ななつ) 일곱	しち・なな 칠
8	八つ(やっつ) 여덟	はち 팔
9	九つ(ここのつ) 아홉	く・きゅう 구
10	十(とお) 열	じゅう 십
11	十一(じゅういち) 열하나	じゅういち 십일
:	:	:

4. 조수사(助数詞)

조수사	종이, 우표, 손수건, 접시 등	연필, 볼펜, 병, 포크, 담배 등	책, 노트, 사전 등	횟수	작은 동물; 고양이, 개, 벌레 등	건물의 층
조수사	~枚(まい) ~장	~本(ほん) ~자루	~冊(さつ) ~권	~回(かい) ~회(~번)	~匹(ひき) ~마리	~階(かい) ~층
1	いちまい	**いっぽん**	いっさつ	いっかい	**いっぴき**	いっかい
2	にまい	にほん	にさつ	にかい	にひき	にかい
3	さんまい	**さんぼん**	さんさつ	**さんかい**	**さんびき**	**さんがい**
4	よんまい	よんほん	よんさつ	よんかい	よんひき	よんかい
5	ごまい	ごほん	ごさつ	ごかい	ごひき	ごかい
6	ろくまい	**ろっぽん**	ろくさつ	ろっかい	**ろっぴき**	ろっかい
7	ななまい/ しちまい	ななほん	ななさつ	ななかい	ななひき/ しちひき	ななかい
8	はちまい	**はっぽん**	はっさつ	はちかい/ はっかい	はっぴき/ はちひき	はっかい/ はちかい
9	きゅうまい	きゅうほん	きゅうさつ	きゅうかい	きゅうひき	きゅうかい
10	じゅうまい	じゅっぽん /じっぽん	じゅっさつ /じっさつ	じゅっかい	じゅっぴき /じっぴき	じゅっかい /じっかい
몇(부정)	なんまい	**なんぼん**	なんさつ	**なんかい**	**なんびき**	**なんがい**

5. 문방구(文房具)

メモようし 메모용지	えんぴつ 연필	きって 우표
ほん 책	ノート 노트	けしゴム 지우개

6. 과일

りんご 사과	みかん 귤	なし 배
バナナ 바나나	すいか 수박	うり 참외
もも 복숭아	メロン 멜론	いちご 딸기

7. 여러 가게

花屋(はなや) 꽃집	肉屋(にくや) 정육점
魚屋(さかなや) 생선가게	お菓子屋(おかしや) 과자점
本屋(ほんや) 서점	薬局(やっきょく) 약국
パン屋(パンや) 빵집	洋品店(ようひんてん) 양품점
八百屋(やおや) 채소가게	靴屋(くつや) 신발점

🔊 **회화연습**

1.

_____と_____ください。

ハンバーガー		(	)円
コーラ	（ひとつ）	(	)円
ポテト	（ふたつ）	(	)円
ミルク	（みっつ）	(	)円
ケーキ	（よっつ）	(	)円
アイスクリーム	（いつつ）	(	)円
ピザ	（むっつ）	(	)円
オレンジジュース	（ななつ）	(	)円
りんご	（やっつ）	(	)円
バナナ	（ここのつ）	(	)円
	（とお）		

2.

Q： （コーラ） は いくらですか。

A： （１５０）円です。

(본인이 질문하고 선생님(또는 친구)이 대답한다. 본인은 받아 적는다.)

3.

A：_____と _____ください。

B：はい。

A：いくらですか。

B：ぜんぶで _____円です。ありがとうございます。

（ハンバーガー、コーラ）（ケーキ２、ミルク２）（ピザ、ジュース３）

📖 문형연습 ➤

やおや 채소가게		おかしや 과자가게	
にんじん	200円	チョコレート	200円
はくさい	200円	ポテトチップス	130円
りんご	150円	アイスクリーム	120円
バナナ	160円	キャンディー	80円
ぶんぼうぐや 문방구점		パンや 빵가게	
ノート	120円	ドーナツ	300円
えんぴつ	70円	サンドイッチ	200円
けしごむ	50円	クリームパン	100円
ボールペン	120円	あんパン	80円

A： いらっしゃいませ。

B： _____と _____ください。

A： はい。

B： いくらですか。

A: ぜんぶで _____円です。ありがとうございます。

실전연습

1-1. 물가

물건	가격
チョコレート	( )円
ハンバーガー	( )円
缶(かん)ジュース	( )円
ノート	( )円
えんぴつ	( )円
りんご	( )円

* 물가를 서로 물어보고 적어보세요.

1-2. 장보기 메모 작성하기

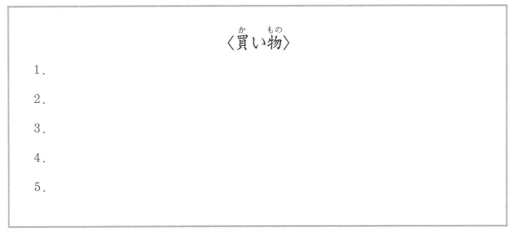

〈買(か)い物(もの)〉

1.

2.

3.

4.

5.

✎ 자기의 장보기 목록(문방구, 과일 등)을 작성한 후 친구와 물건사기 퀴즈(買い物の クイズ)
놀이를 해보세요.

2. 묻고 대답하기

① ボールペンは 何本 ありますか。

→ _____

② ここは 何階ですか。

→ _____

③ その すいかは いくらですか。

→ _____

3. 짧은 글짓기

① 그 사과는 한 개에 얼마입니까?

→ _____

② 복숭아 3개와 멜론 한 개 주십시오.

→ _____

③ 예, 전부 1,800엔입니다.

→ _____

기본 인사말

これは どうですか(/いかがですか)。　　이건 어떻습니까?

どっちに しようかな。　　어떤 걸 하지?

よく 売(う)れて いますよ。　　잘 팔립니다.

おにあいですよ。　　잘 어울리세요.

これに します。　　이것으로 하겠습니다.

これ いくらですか。　　이거 얼마예요?

やすくして ください。　　깎아 주세요.

◎ 일본지폐와 동전

일본화폐 단위는 엔(円/えん)

- 동전(硬貨) : 1円^{いちえん} / 5円^{ごえん} / 10円^{じゅうえん} / 50円^{ごじゅうえん} / 100円^{ひゃくえん} / 500円^{ごひゃくえん}
- 지폐(紙幣) : 1,000円^{せんえん} / 5,000円^{ごせんえん} / 10,000円^{いちまんえん}

10,000엔

5,000엔

2,000엔

1,000엔

500엔   100엔   50엔   10엔   5엔   1엔

〈지폐 인물〉

- 천엔 : 노구치 히데오(野口英世, 현대 세균학자)

- 2천엔 : 오키나와의 상징인 슈레이몬(守礼門)

- 5천엔 : 희구치 이치요(樋口一葉, 근대 여류소설가)

- 1만엔 : 후꾸자와 유키치(福澤諭吉, 근대계몽사상가, 탈아론 등 주창, 게이오대학
  설립자)

8 _과

お誕生日は いつですか
생일은 언제입니까?

学習ポイント
1. (몇 월 며칠) 今日は 何月何日ですか。
2. (무슨 요일) 今日は 何曜日ですか。
3. (사람 수 세기) 私と 弟の 二人兄弟です。

会話 1

加藤 : 今日は 何月何日ですか。

田中 : 4月 29日です。

加藤 : 今日は 何曜日ですか。

田中 : 木曜日です。

加藤 : 失礼ですが、田中さんの お誕生日は いつですか。

田中 : 2月13日です。

誕生日(たんじょうび) : 생일　いつ : 언제　今日(きょう) : 오늘　何月何日(なんがつ なんにち) : 몇 월 며칠

四月(しがつ) : 4월　29日(にじゅうくにち) : 29일　何曜日(なんようび) : 무슨 요일　木曜日(もくようび) : 목요일

失礼(しつれい) : 실례　2月(にがつ) : 2월　13日(じゅうさんにち) : 13일

会話2

井上 ： 家族写真ですね。この方が お母さんですか。

スミス ： はい、そうです。

井上 ： スミスさんは ご家族は 何人ですか。

スミス ： 四人家族です。

井上 ： 何人兄弟ですか。

スミス ： 私と 弟の 二人兄弟です。

家族写真(かぞくしゃしん) : 가족사진　方(かた) : 분　お母さん(おかあさん) : 어머님　何人(なんにん) : 몇 명
四人(よにん) : 4인　兄弟(きょうだい) : 형제　弟(おとうと) : 남동생　二人(ふたり) : 2인

1. ~は いつですか ~은(는) 언제입니까?

「いつ」는 우리말의 「언제」에 해당되는 말이다.

> 예 ① こどもの日は いつですか。(어린이날은 언제입니까?)
>
> ② お盆は いつですか。(오봉은 언제예요?)

2. 何人 몇 명

〈사람 수 세기〉

1人	ひとり	5人	ごにん	9人	きゅうにん
2人	ふたり	6人	ろくにん	10人	じゅうにん
3人	さんにん	7人	しちにん/ななにん	14人	じゅうよにん
4人	よにん	8人	はちにん	24人	にじゅうよにん

* 11명 이상은 11人(じゅういちにん), 12人(じゅうににん)처럼 읽는다.

단, 14人과 24人은 특별나게 읽힘.

3. 何年(なんねん) 몇 년

1년	1年 (いちねん)	5년	5年 (ごねん)	9년	9年 (きゅうねん)
2년	2年 (にねん)	6년	6年 (ろくねん)	10년	10年 (じゅうねん)
3년	3年 (さんねん)	7년	7年 (ななねん/しちねん)	11년	11年 (じゅういちねん)
4년	4年 (よねん)	8년	8年 (はちねん)	12년	12年 (じゅうにねん)

4. 何月(なんがつ) 몇 월
何ヶ月(なんかげつ) 몇 개월

1) 「월(月)」의 일본어한자 음(音)은 'がつ' 또는 'げつ'로 읽으며, 「달」은 'つき'로 읽는다.

2) 'がつ'는 달력의 1월, 2월 등의 명칭에 쓰인다.

1월	1月 (いちがつ)	5월	5月 (ごがつ)	9월	9月 (くがつ)
2월	2月 (にがつ)	6월	6月 (ろくがつ)	10월	10月 (じゅうがつ)
3월	3月 (さんがつ)	7월	7月 (しちがつ)	11월	11月 (じゅういちがつ)
4월	4月 (しがつ)	8월	8月 (はちがつ)	12월	12月 (じゅうにがつ)

3) 'げつ'는 '일개월(一ケ月 いっかげつ)처럼 달수를 나타내거나 이번 달(今月 こんげつ) 등에 사용된다.

1개월	1ケ月 (いっかげつ)	5개월	5ケ月 (ごかげつ)	9개월	9ケ月 (きゅうかげつ)
2개월	2ケ月 (にかげつ)	6개월	6ケ月 (ろっかげつ)	10개월	10ケ月 (じゅっかげつ/ じっかげつ)
3개월	3ケ月 (さんかげつ)	7개월	7ケ月 (ななかげつ/ しちかげつ)	11개월	11ケ月 (じゅういっかげつ)
4개월	4ケ月 (よんかげつ)	8개월	8ケ月 (はちかげつ/ はっかげつ)	12개월	12ケ月 (じゅうにかげつ)

5. 何曜日(なんようび) 무슨 요일

日曜日 にちようび	月曜日 げつようび	火曜日 かようび	水曜日 すいようび	木曜日 もくようび	金曜日 きんようび	土曜日 どようび

6. 시간표현

一昨年 おととし	去年 きょねん	今年 ことし	来年 らいねん	再来年 さらいねん
先々月 せんせんげつ	先月 せんげつ	今月 こんげつ	来月 らいげつ	再来月 さらいげつ
先々週 せんせんしゅう	先週 せんしゅう	今週 こんしゅう	来週 らいしゅう	再来週 さらいしゅう

7. 何日(なんにち) 며칠

1) 1일부터 10일까지와 20일만은 일본 고유어로 나타낸다.

　1일 : ついたち, 2일 : ふつか, 3일 : みっか, 4일 : よっか, 5일 : いつか,

　6일 : むいか, 7일 : なのか, 8일 : ようか, 9일 : ここのか, 10일 : とおか

　20일 : はつか

2) 14일과 24일은 특별하게 나타낸다.

　14일 : じゅうよっか　　　　24일 : にじゅうよっか

日曜日	月曜日	火曜日	水曜日	木曜日	金曜日	土曜日
1日 ついたち	2日 ふつか	3日 みっか	4日 よっか	5日 いつか	6日 むいか	7日 なのか
8日 ようか	9日 ここのか	10日 とおか	11日 じゅう いちにち	12日 じゅう ににち	13日 じゅう さんにち	14日 じゅう よっか
15日 じゅう ごにち	16日 じゅう ろくにち	17日 じゅう しちにち	18日 じゅう はちにち	19日 じゅう くにち	20日 はつか	21日 にじゅう いちにち
22日 にじゅう ににち	23日 にじゅう さんちにち	24日 にじゅう よっか	25日 にじゅう ごにち	26日 にじゅう ろくにち	27日 にじゅう しちにち	28日 にじゅう はちにち
29日 にじゅう くにち	30日 さんじゅう にち	31日 さんじゅうい ちにち				

🔊 **회화연습**

1. 다음을 일본어로 말해 보자.

> 참조단어 : お正月^{しょうがつ}、こどもの日^ひ、夏休^{なつやす}み、秋夕^{チュソク}, クリスマス
> お誕生日^{たんじょうび}、期末試験^{きまっしけん}

1) 설날은 언제입니까?

　　　　＿＿＿＿＿월 ＿＿＿＿＿일입니다.

2) 어린이날은 언제입니까?

　　　　＿＿＿＿＿월 ＿＿＿＿＿일입니다.

3) 여름방학은 언제입니까?

　　　　＿＿＿＿＿월 ＿＿＿＿＿일입니다.

4) 추석은 언제입니까?

　　　　＿＿＿＿＿월 ＿＿＿＿＿일입니다.

5) 크리스마스는 언제입니까?

　　　　＿＿＿＿＿월 ＿＿＿＿＿일입니다.

🔊 **회화연습**

1. 다음을 일본어로 말해 보자.

> 참조단어 : お正月（しょうがつ）、こどもの日（ひ）、夏休（なつやす）み、秋夕（チュソク）, クリスマス
> お誕生日（たんじょうび）、期末試験（きまっしけん）

1) 설날은 언제입니까?

　　　　＿＿＿＿＿월 ＿＿＿＿＿일입니다.

2) 어린이날은 언제입니까?

　　　　＿＿＿＿＿월 ＿＿＿＿＿일입니다.

3) 여름방학은 언제입니까?

　　　　＿＿＿＿＿월 ＿＿＿＿＿일입니다.

4) 추석은 언제입니까?

　　　　＿＿＿＿＿월 ＿＿＿＿＿일입니다.

5) 크리스마스는 언제입니까?

　　　　＿＿＿＿＿월 ＿＿＿＿＿일입니다.

6) 기말시험은 언제입니까?

＿＿＿＿＿월 ＿＿＿＿＿일입니다.

7) 생일은 언제입니까?

＿＿＿＿＿월 ＿＿＿＿＿일입니다.

📖 **문형연습**

A : 今日は 何月何日ですか。

B : ＿＿＿＿月 ＿＿＿＿＿＿日です。

A : 今日は 何曜日ですか。

B: ＿＿＿＿＿＿＿＿です。

A : 失礼ですが、＿＿＿＿＿さんは 何年うまれですか。

B : ＿＿＿＿＿年うまれです。

A: わたしと 同じ年ですね。(わたしより 年上(年下)ですね。)

じゃ、お誕生日は いつですか。

B : ＿＿＿＿月 ＿＿＿＿＿＿日です。

A : わたしは ＿＿＿＿月 ＿＿＿＿＿日です。

실전연습

1. 나의 가족과 나에 관해 작성하기

〈나의 가족(わたしの 家族^{かぞく})〉

1. 何人家族^{なんにん}：

2. 何人兄弟^{きょうだい}：

3. 何番目^{なんばんめ}：

4. 何年生^{なんにん う}まれ：

5. お誕生日^{たんじょうび}：

...

참고단어 ： 長男(ちょうなん)、次男(じなん)、長女(ちょうじょ)、次女(じじょ)、一人っ子(ひとりっこ)、末っ子(すえっこ)、二人兄弟(ふたりきょうだい)、三人姉妹(さんにんしまい) 등

✎ 자기 가족과 관련된 자신의 정보에 대해 적어보고 친구와 묻고 대답하기를 해보세요.

2. 묻고 대답하기

① お誕生日は いつですか。

→ _____   _____

② 明日は 何月何日ですか。

→ _____

③ 今年の 子供の日は 何曜日ですか。

→ _____

3. 짧은 글짓기

① 가족이 몇이에요?

→ _____

② 몇 년생입니까?

→ _____

③ 내일은 무슨 요일입니까?

→ _____

 기본 인사말

さよなら。	잘 가(요)/잘 있어(요).
(ではまた/じゃまた/じゃね/またね/バイバイ)	
お大事(だいじ)に。	몸조리 잘 하세요. (병문안 때)
(お)気(き)を つけて。	조심해서 가세요. (헤어질 때)
頑張(がんば)って ください。	분발해주세요 /힘내세요. /열심히 하세요.
遠慮(えんりょ)なく どうぞ。	사양 말고 ~하세요.
よろしく おつたえ ください。	안부 전해 주세요.
そうします。	그렇게 하겠습니다.
おそく なって すみません。	늦어서 죄송합니다.
ちょっと 待(ま)って ください。	잠시 기다려 주세요.

일본문화

◎ 일본의 3대 마츠리(まつり, 축제)

1. 도쿄의 간다마츠리(神田祭)

도쿄의 간다(神田)지역은 헌책방으로 유명한 곳이다. 간다마츠리는 도쿠가와 이에야스 (德川家康) 장군이 세키가하라 전투에서 승리한 것을 기념하여 벌인 축제가 그 기원이다. 격년제로 5월 15일 전후에 개최되며, 여러 자치회에서 90개의 미코시(신위를 모시는 가마)를 선보일 정도로 그 규모는 엄청나다.

2. 교토의 기온마츠리(祇園祭)

교토(京都)는 역사가 살아 숨쉬는 일본의 옛 수도이다. 그런 교토에서 벌어지는 기온 마츠리는 가장 일본적이며 전통 있는 최고의 마츠리라 할 수 있으며, 천 년전쯤 전염병을 퇴치하기 위해 기원제를 열었던 것이 그 기원이다. 7월 한 달간 개최.

3. 오사카의 텐진마츠리(天神祭)

물의 도시 오사카(大阪)를 대표하는 마츠리로, 1,000년 이상의 긴 역사를 자랑하는 마츠리이다. 서기 949년에 천만궁(天滿宮, てんまんぐう)신사가 건립이 된 다음해 6월 1일의 경내 해변에서 가미호코(창과 도끼 구실을 하는 무기)를 바다에 띄워서 그 가미호코가 표착한 해변에 제사단을 마련하여 시령을 안치하고 목욕재계한 것이 그 기원이다. 특히 100척 가량의 대선단과 밤하늘을 수놓는 화려한 불꽃이 볼거리다. 7월 24일~25일 개최.

9 _과

<ruby>今日<rt>きょう</rt></ruby>は あついですね 오늘은 덥군요

学習ポイント

1. (형용사 활용) あきは あつく ありません。
2. きのうは もっと あつかったですよ。
3. はるは あたたかくて なつは あついです。

会話 1

金 ： <ruby>今日<rt>きょう</rt></ruby>は あついですね。

田中 ： ええ、でも <ruby>昨日<rt>きのう</rt></ruby>よりは <ruby>暑<rt>あつ</rt></ruby>く ありません。

　　　　 <ruby>昨日<rt>きのう</rt></ruby>は もっと <ruby>暑<rt>あつ</rt></ruby>かったですよ。

金 ： これ、<ruby>冷<rt>つめ</rt></ruby>たい ジュースです。どうぞ。

田中 ： いただきます。おいしいジュースですね。

今日(きょう) : 오늘 　暑い(あつい) : 덥다 　でも : 하지만, 그러나 　昨日(きのう) : 어제 　~より : ~보다

暑くありません : 덥지 않습니다 　もっと : 더(많이) 　~かった : ~었다(형용사 과거형)

冷たい(つめたい) : 차갑다 　ジュース : 주스 　どうぞ : 자(드세요) 　いただきます : 잘 마시(먹)겠습니다

おいしい(美味しい) : 맛있다

105

会話 2

春(はる)は 暖(あたた)かいです。

夏(なつ)は 暑いです。

春は 暖かくて 夏は 暑いです。

秋(あき)は 涼(すず)しいです。

秋は 暑くありません。

冬(ふゆ)は 寒(さむ)いです。

冬は寒いですが、夏は寒くありません。

春(はる) : 봄   暖かい(あたたかい) : 따뜻하다   夏(なつ) : 여름   暑い(あつい) : 덥다   ～て : ～(하)고, 고 ～(하)여

秋(あき) : 가을   涼しい(すずしい) : 시원하다   冬(ふゆ) : 겨울   寒い(さむい) : 춥다   ～が : ~이지만

표 현

 형용사

1. 형용사의 종류

일본어의 형용사에는 명사를 수식하는 형태에 따라 두 가지 형태가 있다.

[い형용사] 어미가 「い」로 끝나는 형태이고, 뒤에 오는 명사를 수식할 때의 형태도 기본형과 같다.

예 やさしい、すずしい、おもしろい

[な형용사] 어미가 'だ'로 끝나는 형태이고, 뒤에 오는 명사를 수식할 때에는 어미가 'な'로 바뀐다. な형용사에 대해서는 다음 과에서 설명.

예 きれいだ、まじめだ、べんりだ

2. 〈い형용사의 성질〉

형용사에서 어미가 「い」로 끝나는 형용사를 い형용사라 한다.

• 어미가 「い」로 끝난다.
• 사물의 성질, 상태를 나타낸다.
• 자립어이며 활용(변화)한다.
• 형용사의 부정형은 동사와 달리 연용형에서 이루어진다.
• 형용사의 성격상 명령형이 없다.

3. 〔い형용사 어간〕 いです ~입니다

い형용사의 정중형은 기본형에 'です'를 붙인다.

예 ① 今日は 暑いですね。(오늘은 덥군요)
　② 日本の 冬は 寒いですか。(일본의 겨울은 춥습니까?)

4. 〔い형용사 어간〕 く ないです / く ありません ~(지) 않습니다

い형용사의 부정표현은 어미 「い」를 「く」로 바꾸고 부정의 조동사 「ない」를 접속하거나, 그 정중형인 「ありません」을 접속한다.

예 ① 今日は 暑く ないです。(오늘은 덥지 않아요)
　② 日本の 冬は 寒く ありません。(일본의 겨울은 춥지 않습니다)

5. 〔い형용사 어간〕 くて ~하고(하며), ~해서

い형용사의 부정표현은 어미 'い'를 'く'로 바꾸고 접속조사 'て'를 연결시켜 만든다. 단순히 연결하는 경우는 '~하고(하며)'로 해석하며, 앞 문장이 뒷문장의 원인이나 이유가 되는 경우는 '~해서'로 해석한다.

예 ① いちごは 甘くて レモンは すっぱいです。(딸기는 달고 레몬은 새콤해요)
　② この 店は 広くて いいです。(이 가게는 넓어서 좋아요)

6. [い형용사 어간] かったです ~였습니다

い형용사의 과거형은 [い형용사 어간]에 'かった'를 붙인다.

예 ① 今日は とても 寒かったです。(오늘은 대단히 추웠습니다)
② とても 楽しかったです。(대단히 즐거웠습니다)

7. [い형용사] 명사수식

い형용사는 기본형의 형태 그대로 명사에 접속한다.

예 ① きいろい スカーフ。(노란 스카프)
② やさしい 人。(친절한 사람)

8. [い형용사]의 주요 표현

	형태	보통체	정중체
기본표현	어간-い (~하다)	あつい (덥다)	あついです (덥습니다)
추측표현	어간-い だろう 어간-かろう (~이겠지, ~할 것이다)	あついだろう あつかろう (덥겠지, 더울 것이다)	あついでしょう (덥겠지요, 더울 것입니다)
과거표현	어간-かった (~(이)었다)	あつかった (더웠다)	あつかったです (더웠습니다)
부정표현	어간-くない (~(지) 않다)	あつくない (덥지 않다)	あつくないです あつくありません (덥지 않습니다)
과거 부정표현	어간-くなかった (~(지) 않았다)	あつくなかった (덥지 않았다)	あつくなかったです あつくありませんでした (덥지 않았습니다)
연결표현	어간-くて (~(하)고, ~(하)여) 어간-くなる (~(해)지다, 되다)	あつくて (덥고, 더워) あつくなる (더워지다)	
연체표현	어간-い N (~한)	あつい 時 더울 때	
가정표현	어간-ければ (~하면)	あつければ (더우면)	

* 원래 미연형의 추측형은 [어간+かろう]의 형태이지만 현대 구어체에선 「기본형 + だろう」가 일반적임.

9. 〔い형용사〕활용표

기본형 (基本形)	미연형 (未然形)	연용형 (連用形)		종지형 (終止形)	연체형 (連体形)	가정형 (仮定形)
	かろ	かっ, く		い	い	けれ
あつい 덥다	あつかろう 덥겠지	あつかった 더웠다		あつい 덥다	あつい 時 더울 때	あつければ 더우면
		あつくない 덥지 않다				
		あつくなる 더워지다				
		あつくて 덥고/더워서				
	う (~이겠지, ~(할) 것이다)	た　과거 조동사 ない 부정 조동사 なる 동사 て　연결의 접속조사				ば 가정의 접속조사

10. 〔い형용사〕〈いろ 색깔〉

빨갛다	파랗다	희다	검다	노랗다
赤い (あかい)	青い (あおい)	白い (しろい)	黒い (くろい)	黄色い (きいろい)

11. [い형용사] 〈 あじ 맛〉

맛있다	맛없다	달다	맵다	짜다(소금)	새콤하다
美味しい (おいしい)	まずい	甘い (あまい)	辛い (からい)	しょっぱい	酸っぱい (すっぱい)

12. [い형용사] 〈 その た 기타〉

길다 – 짧다	비싸다 – 싸다	크다 – 작다	새롭다 – 낡다	덥다 – 춥다
長い (ながい) 短い (みじかい)	高い (たかい) 安い (やすい)	大きい (おおきい) 小さい (ちいさい)	新しい (あたらしい) 古い (ふるい)	暑い (あつい) 寒い (さむい)
많다 – 적다	빠르다 – 느리다	멀다 – 가깝다	넓다 – 좁다	좋다 – 나쁘다
多い (おおい) 少ない (すくない)	はやい おそい	遠い (とおい) 近い (ちかい)	広い (ひろい) 狭い (せまい)	よい/いい 悪い (わるい)
바쁘다	싹싹하다	차갑다	부럽다	재미있다
いそがしい	やさしい	つめたい	うらやましい	おもしろい

🔊 회화연습

1. 교실에 있는 것을 가지고 말해 보자.

> 例：時計(とけい)、高い(たかい)、髪(かみ)、長い(ながい)、大きい(おおきい)、
> 黄色い(きいろい)、すっぱい など

例)　　えんぴつ　は　　　ながい　　です。

　　　＿＿＿＿＿は　＿＿＿＿＿　です。

　　　＿＿＿＿＿は　＿＿＿＿＿　です。

2. 다음을 일본어로 말해 보자.

> 단어：りんご、　バナナ、　いちご、　レモン、
> あかい、　ながい、　あまい、　すっぱい

1) 사과는 빨갛고, 바나나는 깁니다.

　　＿＿＿＿＿＿＿＿＿＿，＿＿＿＿＿＿＿＿＿＿

2) 딸기는 달고, 레몬은 새콤합니다.

　　＿＿＿＿＿＿＿＿＿＿，＿＿＿＿＿＿＿＿＿＿

📖 **문형연습**

1. 다음 긍정문을 부정문으로 만들어 보세요.

① 日本の 食べ物は おいしいです。

→ _____

② この バックは 高いです。

→ _____

③ 金さんは やさしいです。

→ _____

2. 두 문장을 연결하여 한 문장으로 만들어 보세요.

① 秋は すずしい。秋は いい。

→ _____

② この かばんは 黒い。この かばんは 大きい。

→ _____

③ 韓国の 食べ物は おいしい。韓国の 食べ物は やすい。

→ _____

실전연습

1. 퀴즈놀이

〈 クイズ 〉 "わたしは だあれ?" 나는 누굴까?

例)　わたしは 大きいです。

　　わたしの 鼻は 長いです。

　　（正解：象）

✎ 동물, 음식 등 이미 학습한 단어를 가지고 친구와 퀴즈놀이를 해보세요.

例) レモン、いちご、アイスクリーム、キリン、ねずみ、
　　ひとのかお, こくばん、 えんぴつ、 けしごむ 등

2. 묻고 대답하기

① 今日は 寒いですか。

→ _____

② お家は 学校から 遠いですか。

→ _____

③ あなたの ケイタイは 高いですか。

→ _____

3. 짧은 글짓기

① 여름은 덥고 겨울은 춥습니다.

→ _____

② 이 넥타이는 비싸지 않습니다.

→ _____

③ 어제는 더 더웠습니다.

→ _____

기본 인사말

えらいですね.　　　　　　　대단하네요.

どこか わるいんですか.　　어디 아프세요?

たいへんですね.　　　　　　아이고 힘드네요/힘드시겠군요.

わたしの いった とおりでしょう.　　내 말이 맞지요?

かしこまりました.　　　　　잘 알겠습니다.

ごしんせつ(親切)に ありがとうございます.　　친절에 감사드립니다.

일본어의 위상 및 특징

1. 일본어는 대언어

- 세계의 언어수는 약 3,000개～6,000개
- 2022년도 기준 일본어는 세계 12위, 1억 2,395만명
- 언어사용 인구가 1억명 이상인 언어를 대언어라 하는데, 여기에는 중국어, 영어, 스페인어, 힌디어, 러시아어, 아라비아어, 포르투갈어, 뱅갈어, 일본어 등이 포함

2. 세계의 일본어 학습자

- 2018년도 기준 일본어를 배우는 외국인은 385만명(국제교류기금 조사)
- 우선 아시아에서는 일본과 가까운 국가인 한국, 대만, 중국, 베트남, 인도네시아 등에서 주요 제2 외국어로 배우고 있음.

3. 한국어와 비교해 일본어의 특징

- 음절구조가 단순

  일본어 : 「자음+모음」 「자음+반모음+모음」으로 단순

  한국어 : 「자음+모음」 「자음+모음+자음」 「자음+모음+자음+모음」으로 복잡
- 음소의 종류

  일본어 : 모음 5개, 자음과 반모음 21개, 특수음소 3개, 도합 29개

  한국어 : 모음 21개, 자음 19개, 도합 40개
- 문자면에서 한자는 약자체를 사용하고 히라가나 이외에 외래어 표기 등에 가타가나 문자 체계를 함께 사용하는 점
- 많은 한자에 음독과 훈독이 일상적으로 사용되고 있는 점

10 과 あたまが いたいです 머리가 아파요

学習ポイント 1. (형용사 활용) 朝よりは すこし よく なりました。

2. (~와 ~중 어느 쪽) スミスさんと 山田さんと どちらが 背が 高いですか。

3. (신체명칭) あたまが いたいんです。

- -

会話 1

山田　　：スミスさん、どう したんですか。

スミス：あたまが いたいんです。

山田　　：熱(ねつ)が ありますね。

スミス：でも、朝(あさ)よりは すこし よく なりました。

- -

あたま(頭) : 머리　いたい : 아프다　スミス : 스미스(사람이름)　どう したんですか : 무슨 일 있어요?(어디 아파요?)

熱(ねつ) : 열　でも : 그래도, 하지만　朝(あさ) : 아침　~より : ~보다

すこし : 조금　よい : 좋다　~く なる : ~(에)지다

119

会話 2

金　：スミスさんと　山田(やまだ)さんと　どちらが　背(せ)が　高いで
　　　すか。

山田　：スミスさんの　方(ほう)が　ちょっと　高いです。

金　：韓国と　日本と　どちらが　広(ひろ)いですか。

山田　：韓国より日本の方が広いです。

どちら : 어느 쪽　背(せ) : 키　高い(たかい) : 높다, 비싸다, 키가 크다　方(ほう) : 쪽　広(ひろ)い : 넓다

1. ～と ～と どちら(の 方{ほう})が ～ですか

~와 ~은(는) 어느 쪽이 ~입니까?

예 ① スミスさんと 山田{やまだ}さんと どちらが 背{せ}が 高{たか}いですか。

(스미스씨와 야마다씨는 어느 쪽이 키가 큽니까?)

② 東京{とうきょう}と ソウルと どちらが 住{す}みやすいですか。

(도쿄와 서울은 어느 쪽이 살기 편합니까?)

2. 体{からだ}(からだ) 몸

あたま 머리	あご 턱	ひたい 이마
くび 목	のど 목구멍	かみ 머리카락
て 손	あし 다리, 발	おしり 엉덩이
せなか 등	うで 팔	おなか 배
へそ 배꼽	むね 가슴	かお 얼굴
め 눈	まゆげ 눈썹	くち 입
はな 코	みみ 귀	

회화연습

あみ	お<ruby>母<rt>かあ</rt></ruby>さん <ruby>頭<rt>あたま</rt></ruby>が いたいの。
あみのお母さん	そう。
あみ	それから のども いたいの。
あみのお母さん	かぜじゃ ない。
あみ	<ruby>鼻<rt>はな</rt></ruby>も でるの。
あみのお母さん	たいへんね。 <ruby>病院<rt>びょういん</rt></ruby>に いこう。

아미	엄마 머리가 아파요.
아미 엄마	그래?
아미	그리고 목도 아파요.
아미 엄마	감기가 아니냐?
아미	콧물도 나와요.
아미 엄마	큰일이네. 병원에 가자.

📖 문형연습

✓ やって みよう 한번 해보자.

1.

A _____ が いたいの。　　　　　　　　① あたま　　② お中

B そう。

A それから _____ も いたいの。　　　③ 歯　　④ 足

2.

A _____ が かゆいの。　　　　　　　① 背中　　② 耳

B そう。

A それから _____ も かゆいの。　　　③ あたま　　④ 目

B たいへんね。

📝 실전연습

1. 자기와 친구의 신체를 그리고, 그 위에 모습을 덧붙여 그려서 자신과 친구의 형상이나 모습과 신체부위에 대해 서로 이야기해 보세요.

例) ここは髪です。わたしの髪は 長いです。

あなたの 鼻は 長いです。あなたは 背が 高いです。

123

< 내 모습(私の 姿) >

< 당신 모습(あなたの 姿) >

2. 묻고 대답하기

① あなたと わたしと どちらが 背が 高いですか。

→ _____

② どこか いたいんですか。

→ _____

③ 韓国の 食べ物と 日本の 食べ物と どちらが おいしいですか。

→ _____

3. 짧은 글짓기

① 하지만 아침보다는 조금 좋아졌습니다.

→ _____

② 한국보다 일본이 넓습니다.

→ _____

③ 야마다씨와 스미스씨 중 어느 쪽이 키가 큽니까?

→ _____

기본 인사말

趣味(しゅみ)は 何ですか。　　취미는 뭡니까?

相(あい) かわらずですね。　　여전하시네요.

よろしいです。/いいです。　　좋습니다.

ひどいですね。　　심하군요.

忙(いそが)しくて 時間(じかん)が ないんです。　바빠서 시간이 없어요.

難(むずか)しく ないですか。　어렵지 않습니까?

とても 楽(たの)しいですよ。　매우 즐겁습니다.

てつだい ましょうか。　도와드릴까요?

◉ 일본의 어린이들을 위한 행사

1. おひなまつり

3월 3일

여자어린이를 위한 전통행사.

여자아이의 성장과 행복을 기원

'もものせっく'라고도 함

2. こいのぼり

5월 5일

남자어린이를 위한 전통행사

남자아이의 탄생을 축하하고 무사히 성장하여 훌륭한 남자가 되길 기원

집 안에 일본의 전통적인 갑옷과 투구를 장식하거나, 천에 잉어의 모습을 연처럼

만들어 밖에 내걸어 둠

◎ 주먹 쥐고 손을 펴서(일본동요)

作曲者 : ルソ- (文部省唱歌)

〈むすんで ひらいて〉

むすんで ひらいて 手^{te}を うって むすんで
また ひらいて 手を うって その 手を [*]上^{ue}に
むすんで ひらいて 手を うって むすんで

むすんで ひらいて 手を うって むすんで
また ひらいて 手を うって その 手を [*]下^{した}に
むすんで ひらいて 手を うって むすんで

*あたま, ひざ, かた, おなか, おしり

〈주먹 쥐고 손을 펴서〉

작곡자 : 루소 (문부성창가)

주먹 쥐고 손을 펴서 손뼉 치고 주먹 쥐고
또 다시 펴서 손뼉 치고 두 손을 머리 위에
주먹 쥐고 손을 펴서 손뼉 치고 주먹 쥐고

주먹 쥐고 손을 펴서 손뼉 치고 주먹 쥐고
또 다시 펴서 손뼉 치고 두 손을 아래로
주먹 쥐고 손을 펴서 손뼉 치고 주먹 쥐고

* 머리, 무릎, 어깨, 배, 엉덩이

11 과 日本語が 好きです 일본어가 좋아요
にほんご　　　す

学習ポイント
1. (な형용사 활용) あまり すきじゃ ありません。
2. にぎやかな ところです。
3. 便利に なりました。
べんり

会話1

山田 ： 李さんは日本語が好きですか。
　　　　　　　　　　　　す

李 　： はい、好きです。

山田 ： 英語は どうですか。
　　　　えいご

李 　： 前はきらいでしたが、今は好きになりました。
　　　　まえ　　　　　　　　　　　いま

どうですか : 어떻습니까?　好きだ(すきだ) : 좋아하다　英語(えいご) : 영어　　前(まえ) : 이전

きらいだ(嫌いだ) : 싫어하다　　~でした : な형용사의 과거형　どうですか : 어떻습니까?　　~が : ~지만

今(いま) : 지금　　~になる : ~하게 된다(~になりました : ~なる의 공손 과거형)

131

会話 *2*

山田 : 先週<small>せんしゅう</small>の 旅行<small>りょこう</small>は どうでしたか。

李　 : すてきな 旅行でした。

山田 : ホテルは どうでしたか。

李　 : 静<small>しず</small>かで、とても きれいでした。

山田 : 食事<small>しょくじ</small>はおいしかったですか。

李　 : いいえ、おいしくありませんでした。

先週(せんしゅう) : 지난주　　旅行(りょこう) : 여행　　どうでしたか : 어땠습니까?　　すてきだ(素敵だ) : 멋지다

ホテル : 호텔　　静かだ(しずかだ) : 조용하다　　とても : 대단히, 매우　　きれいだ : 아름답다, 깨끗하다

食事(しょくじ) : 식사

표현

1. ~が すきだ ~을 좋아하다

 ① わたしは 日本語が 好きです。 (나는 일본어를 좋아합니다.)

ぼくは 音楽が きらいです。 (나는 음악을 싫어합니다.)

② わたしは 歌を うたうのが 上手です。 (나는 노래를 잘 부릅니다.)

ぼくは 歌を うたうのが 下手です。 (나는 노래를 잘 못 부릅니다.)

2. 科目 과목

日本語	英語	国語	中国語	독일어
にほんご	えいご	こくご	ちゅうごくご	ドイツ語
数学	科学	体育	物理	社会
すうがく	かがく	たいいく	ぶつり	しゃかい
倫理	音楽	世界史	国史	美術
りんり	おんがく	せかいし	こくし	びじゅつ

 **な형용사**

형용사에서 어미가 「だ」로 끝나는 형용사를 な형용사라 한다. な형용사는 형용동사, 형용명사, だ형용사 등의 명칭으로 사용되기도 한다.

예 きれいだ、まじめだ、べんりだ、すきだ、きらいだ、しずかだ

1. な형용사의 성질

- 어미가 「だ」로 끝난다.
- 사물의 성질, 상태를 나타낸다.
- 자립어이며 활용(변화)한다.
- 명사를 꾸밀 때에는 어미가 'な'로 바뀐다.
- 어간은 형용성 명사이다.
- 형용사의 성격상 명령형이 없다.

2. 〔な형용사 어간〕です ~입니다

な형용사의 정중한 표현은 어미 「だ」를 「です」로 바꾸면 된다.

예 ① ここは 静かです。(여기는 조용해요.)
② 日本の 交通は 便利です。(일본의 교통은 편리해요.)

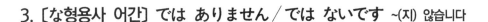

3. 〔な형용사 어간〕では ありません / では ないです ~(지) 않습니다

な 형용사의 부정표현은 어미 「だ」를 뺀 어간에 「では ない」를 붙여서 만들고, 정중한 표현의 부정은 「では ありません」이나 「では ないです」를 붙여서 사용한다. 회화체에서는 「では」의 축약형인 「じゃ」를 사용하여 「じゃ ありません」이나 「じゃ ないです」를 많이 사용한다.

예 ① 料理は 上手では ありません。 (요리는 잘하지 못해요.)

② 英語は あまり 好きじゃ ありません。 (영어는 그다지 좋아하지 않아요.)

4. 〔な형용사 어간〕でした ~였습니다

な 형용사의 과거형은 〔な형용사 어간〕에 「だった」를 붙인다. 정중한 과거형 표현으로는 「でした」를 붙이면 된다.

예 ① 彼女は とても きれいだった。 (그녀는 아주 예뻤다.)

② とても 静かでした。 (아주 조용했습니다.)

5. 〔な형용사 어간〕で ~하고

「~하고」의 의미로 두 문장을 연결해서 쓰일 때는 어미 「だ」를 「で」로 바꾸어 사용하면 된다.

예 ① 彼の 性格は おだやかで 静かだ。 (그이의 성격은 온화하고 조용하다.)

② 彼女は きれいで 元気だ。 (그녀는 예쁘고 건강하다.)

6. 〔な형용사 어간〕に ~하게

「~하게」의 의미로 부사적으로 쓰일 때는 어미「だ」를「に」로 바꾸어 사용하면 된다.

예 ① 教室は 静かに なった。 (교실은 조용해졌다.)

② 彼女は きれいに なった 。 (그녀는 예뻐졌다.)

7. 〔な형용사〕명사수식

な형용사의 명사 수식은 어미「だ」를「な」로 바꾸어서 연결한다.

예 ① 好きな 食べ物。 (좋아하는 음식)

② 得意な 料理。 (자신 있는 요리)

8. 〔な형용사〕의 주요 표현

	형태	보통체	정중체
기본표현	어간-だ (~하다)	しずかだ (조용하다)	しずかです (조용합니다)
추측표현	어간-だろう (~이겠지, ~할 것이다)	しずかだろう (조용하겠지, 조용할 것이다)	しずかでしょう (조용하겠지요, 조용할 것입니다)
과거표현	어간+だった 어간+でした (~(이)었다)	しずかだった (조용했다)	しずかでした しずかだったです (조용했습니다)
부정표현	어간-では(じゃ)ない (~(지) 않다)	しずかでは(じゃ)ない (조용하지 않다)	しずかでは(じゃ)ありません しずかでは(じゃ)ないです (조용하지 않습니다)

			しずかでは(じゃ)ありませんでした
과거 부정표현	어간-では(じゃ) なかった (~(지) 않았다)	しずかでは(じゃ) なかった (조용하지 않았다)	しずかでは(じゃ) なかったです (조용하지 않았습니다)
연결표현	어간-で (~(하)고, ~(하)여) 어간-に(なる) (~(해)지다, 되다)	しずかで (조용하고, 조용하여) しずかになる (조용해지다)	
연체표현	어간-な N (~한)	しずかな 時^{とき} (조용할 때)	
가정표현	어간-なら(ば) (~하면)	しずかなら(ば) (조용하면)	

* 가정형은 구어체에서는 'ば'를 생략하고 'なら'만 사용한다.
* 특수활용 형용동사의 연체형에는 예외가 있다. 즉 'おなじだ(같다)', 'こんなだ(이렇다)' 등은 명사수식 시 'な'를 생략한다. 단, 뒤에 'の', 'のに', 'ので'가 연결될 경우는 그대로 사용한다.

9. 〔な형용사〕 활용표

기본형 (基本形)	미연형 (未然形)	연용형 (連用形)	종지형 (終止形)	연체형 (連体形)	가정형 (仮定形)
	だろ	だっ、で、に			なら
しずかだ 조용하다	しずかだろう 조용하겠지	しずかだった 조용했다 しずかでない 조용하지 않다 しずかになる 조용해지다	しずかだ 조용하다	しずかな 時^{とき} 조용할 때	しずかならば 조용하면
	う (~이겠지, ~(할) 것이다)	た 과거 조동사 ない 부정 조동사 なる 동사			ば 가정의 접속조사

10. 여러 가지 〔な형용사〕

〈고유어 · 외래어〉

きれいだ　깨끗하다, 아름답다

にぎやかだ　번화하다

静^{しず}かだ　조용하다

素直^{すなお}だ　솔직하다

確^{たしか}かだ　확실하다

ハンサムだ　핸섬하다

いろいろだ　여러 가지다

同^{おな}じだ　같다

暇^{ひま}だ　한가하다

豊^{ゆた}かだ　풍부하다

柔^{やわ}らかだ　부드럽다

〈한자어〉

有名だ	유명하다		元気だ	건강하다
平気だ	괜찮다, 태연하다		正直だ	정직하다
丈夫だ	튼튼하다		失礼だ	실례이다
無理だ	무리하다		心配だ	걱정이다
頑固だ	완고하다			

〈반대 개념의 고유어 · 한자어〉

便利だ	편리하다		不便だ	불편하다
好きだ	좋아하다		嫌いだ	싫어하다
得意だ	자신 있다		苦手だ	자신없다
上手だ	능숙하다		下手だ	서투르다
派手だ	화려하다		地味だ	수수하다, 검소하다
真面目だ	성실하다		不真面目だ	불성실하다
幸せだ	행복하다		不幸だ	불행하다
簡単だ	간단하다		複雑だ	복잡하다
親切だ	친절하다		不親切だ	불친절하다

회화연습

✓ 다음을 옆 사람과 일본어로 말해 보자.

① A : 일본어 좋아하세요?

  B : 예, 아주 좋아해요. 당신은 어떠세요?

  A : 저도 좋아해요.

② A : 나는 그림을 잘 그립니다만, 피아노를 잘 못 칩니다.

  B : 나는 노래를 잘 부릅니다만, 요리는 잘 못 합니다.

  주 : 絵を かく(그림을 그리다), ～けど(～지만),

     ピアノを ひく(피아노를 치다), 歌を うたう, お料理

📖 문형연습 ➤

A : あなたは 何_{なに}が 好_すきですか。

B : わたしは 日本語_{にほんご}が 好きです。

A : あなたは 何が きらいですか。

B : わたしは 音楽_{おんがく}が きらいです。

1. 科目_{かもく} 과목

1. 国語_{こくご}　　　　　　数学_{すうがく}

2. 美術_{びじゅつ}　　　　　　体育_{たいいく}

3. ＿＿＿＿＿＿　　　　＿＿＿＿＿＿

2. 特技_{とくぎ} 특기

1. サッカ　　　　　　　ピアノ

2. テコンド　　　　　　バレ

3. ＿＿＿＿＿＿　　　　＿＿＿＿＿＿

3. 食_たべ物_{もの} 음식

1. ハンバーガ　　　　　サンドイッチ

2. ブルゴギ　　　　　　さしみ

3. ＿＿＿＿＿＿　　　　＿＿＿＿＿＿

실전연습

1. 선호 조사표

私は 日本語（にほんご）が 好きで、英語（えいご）は 嫌いです。

私は 日本語が 上手で、英語は 苦手です。

私は 日本語が 得意で、英語は 苦手です。

〈わたしの　好（す）き嫌（きら）い〉

（好（す）き，上手（じょうず），得意（とくい））　　　（嫌（きら）い，下手（へた）、苦手（にがて））

1. 科目（かもく）　:

2. 食べ物：

3. 特技（とくぎ）　:

　（スポーツ，芸能（げいのう）　など）

4. 音楽（おんがく）　:

　　　…

〈참고단어〉

国語（こくご），数学（すうがく），ブルゴギ，さしみ，テコンド，スポーツダンス，山登（やまのぼ）り，旅行（りょこう），歌謡（かよう），クラシック，
ロッグ，サッカー，ラグビ，バスケットボール 등

✎ 자신의 선호나 잘하고 못하는 것, 자신 있고 없는 것에 대해 써 보고 친구와 묻고 대답
하기를 해보세요.

2. 묻고 대답하기

① どんな 食べ物((または)スポーツ)が 好きですか。

➔ _____

② お料理は 上手ですか。

➔ _____

③ 学校生活は いかがですか。

➔ _____

3. 짧은 글짓기

① 서울의 교통은 별로 편리하지 않습니다.

➔ _____

② 일본어는 좋아합니다만, 영어는 싫어합니다.

➔ _____

③ 명동은 번화한 곳입니다.

➔ _____

기본 인사말

立派(りっぱ)ですね。　　　　　　멋지군요.

きれいな ところですね。　　　　　아름다운 곳이군요.

まじめな 人(ひと)ですね。　　　　성실한 사람이군요.

いいえ、得意(とくい)ではありません。　아뇨, 잘 못합니다.

スポーツは 苦手(にがて)です。　　스포츠는 잘 하지 못합니다.

大丈夫(だいじょうぶ)です。　　　　괜찮습니다.

とても 静(しず)かですね。　　　　매우 조용하군요.

短気(たんき)なんですね。　　　　성질이 급하군요.

노(能)

일본문화

1. 能의 정의

노(能, のう)는 일본의 가장 오래된 전통 가무(歌舞)극으로, 600년이 넘는 역사를 자랑하는 일본에서 가장 오래된 무대예술이며 음악을 동반한 일종의 가면무용극. 노는 14경(가마쿠라시대 후기부터 무로마치시대 초기)에 완성을 본 일본 독자적인 무대예술임. 일본의 대표적인 전통예능으로 가부키와 함께 국제적으로 높은 지명도를 자랑함. 세계무형유산, 중요무형문화재.

2. 能의 성립

노의 기원은 상고시대까지 거슬러 올라갈 수 있지만, 오늘날과 같은 형식을 갖춘 노오는 14세기 후반에 성립.

당시 예능계의 일인자였던 간아미(観阿彌)가 고대 말부터 민간예능으로 행해져 온 사루가쿠(猿楽)를 원류로 하고 여타 예능의 장점을 흡수하여 더욱 세련되고 예술성 있는 새로운 가무극인 노를 창출.

간아미의 아들인 제아미(世阿彌)에 의해 노는 가무를 위주로 하여 우아한 아름다움을 추구하는 연극으로서 완성. 제아미 노가쿠의 대표작은 "風姿花傳(후시카덴)"임. 제아미는 노의 궁극적인 이념을 유현(幽玄)미의 구현으로 보고 이러한 예술관에 입각하여 많은 작품과 예술론을 서술.

3. 노의 대본

노의 대본을 우타이본(謠本)이라 하는데, 그 대부분은 불교의 영향을 받은 것으로 현재는 240여종만이 상연되고 있다. 근세에 성립된 가부키(歌舞伎)나 닌교죠루리(人形浄瑠璃)가 서민들을 위한 연극인데 비해, 노는 성립 당시부터 쇼군의 후원을 받은 것에서 알 수 있듯이 주로 무사계급 사이에서 번성하였음.

4. 노 무대의 구성

노는, 가부키와는 달리, 주인공인 시테(シテ) 한 사람에 의해 노래와 춤, 사설과 시가가 행해지는 독무대의 성격이 짙음. 시테는 신불이나 유령 등 저승의 영적(靈的)인 존재로 주로 나타나며, 이를 들어주는 역할을 하는 와키(ワキ)는 주로 스님 복장으로 이승의 실제인물로 등장함.

舞台 中央에 있는 것이 시테카타(シテ方, 주인공역), 가장 앞쪽에 등지고 있는 것이 와키카타(ワキ方, 주인공상대역, 주로 스님복장), 그 안쪽이 6명 혹은 8명의 합창단 성격의 음악을 담당하는 지우타이(地謠)이고, 시테의 뒤에 반주를 담당하는 하야시가타(囃子方)는 오른쪽부터 후에(笛), 츠즈미(小鼓), 오오츠즈미(大鼓), 타이코(太鼓)를 담당함.

12 과 何時に 始まりますか _{몇 시에 시작합니까?}

学習ポイント 1. 동사의 종류 3가지
2. (동사의 ます형 활용) 9時に はじまります。

会話 1

田中 : 授業は 何時に 始まりますか。

曹 : 9時に 始まります。

田中 : 何時に 終りますか。

曹 : 5時頃 終ります。

田中 : その 後、すぐ 家へ 帰りますか。

曹 : いいえ、時々 友だちと いっしょに お酒を 飲みに
行きます。

何時(なんじ) : 몇 시　始まる(はじまる) : 시작하다　～ます : ～입니다　授業(じゅぎょう) : 수업

終わる(おわる) : 끝나다　その 後(あと) : 그 후에　すぐ : 곧바로　家(うち) : 집　帰る(かえる) : 돌아가다(오다)

時々(ときどき) : 때때로　友(とも)だち : 친구(들)　いっしょ(一緒)に : 함께　お酒(おさけ) : 술　飲む(のむ) : 마시다

(동사의연용형) + に : ~하려　行く(いく) : 가다

会話 2

山田 ： おはようございます。

李　　： おはようございます。今日（きょう）は いい 天気（てんき）ですね。

山田 ： そうですね。

李　　： 山田（やまだ）さんは　今朝（けさ）何時に 起（お）きましたか。

山田 ： 7時頃（ごろ）起きました。

李　　： 学校（がっこう）まで 何（なに）で 行（い）きますか。

山田 ： バスで 行きます。

　　　　じゃ、明日（あした）、一緒（いっしょ）に 学校へ 行きませんか。

李　　： いいですよ。いっしょに 行きましょう。

天気(てんき)：날씨　　朝(あさ)：아침　　起きる(おきる)：일어나다　　来る(くる)：오다　　バス：버스

~に 行く(いく)：~하려(동사의 연용형에 접속) 가다　　~ませんか：~(하)지 않겠습니까?

~ましょう(か)：~합시다(할까요?)

148

설

1. (동사의 ます형) ～ます(か) ~입니다(입니까?)

　[ます]의 현재형은 [ます]이고, 의문형은 [ますか]임. [ます]는 동사의 연용형에 접속되는데, 5단동사는 어미가 い단으로 활용되어 [ます]에 접속된다. 1단동사는 어미 'る'가 탈락되고 접속되며, 변격동사는 각각 「する」는 → 「し」, 「くる」는 → 「き」로 활용되어 접속된다.

예 ① 五時ごろ 終ります。(5시경 끝납니다)

② 授業は 何時に 始まりますか。(수업은 몇시에 시작합니까?)

③ バスで 来ます。(버스로 옵니다)

④ 30分ぐらい 運動を します。(30분정도 운동을 합니다)

2. (동사의 ます형) ～ました(か) ~였습니다(였습니까?)

　동사 [ます]의 과거형은 [ました]임.

예 ① 'アバタ'という 映画を 見ましたか。(아바타라는 영화를 봤습니까?)

3. (동사의 ます형) ～ません(か) ~(하)지 않겠습니다(않겠습니까?)

　동사 [ます]의 부정형은 [ません]임.

예 ① いっしょに 勉強を しませんか。(같이 공부하지 않겠습니까?)

4. (동사의 ます형) ~ませんでした ~(하)지 못했습니다

동사 [ます]의 과거부정형은 [ませんでした]임.

예 ① いいえ、まだ 見ませんでした。(아니오, 아직 못봤습니다)

5. (동사의 ます형) ~ましょう(か) ~합시다(할까요?)

[ましょう]는 동사 [ます]의 권유형임.

예 ① 乾杯しましょう。(건배합시다)

6. (동사의 연용형) ~に ~하려

동사의 연용형(ます형과 동일)에 「~に」를 붙이면 「~하려」의 의미가 됨

예 ① 飲みに 行きます。(마시러 갑니다)

② いっしょに 見に 行きましょう。(함께 보려 갑시다)

동사의 성질 및 종류, ます형

✓ 동사의 성질

• 사람이나 사물의 동작, 작용, 존재, 상태 등을 나타내는 말이다.

• 동사의 원형은 「어간 + 어미」로 구성이 되는데, 모든 동사의 어미는 「う단」으로 끝난다. 「う、く、ぐ、す、つ、ぬ、ぶ、む、る」 등

• 어미는 활용(변화)한다.

✓ 동사의 종류

일본어의 동사에는 어미의 활용 형태에 따라 크게 세 가지 종류로 나뉜다.

1. 5단동사(Ⅰ류동사)

① 어미가 る가 아닌 모든 동사 즉 (う、く、ぐ、す、つ、ぬ、ぶ、む)로 끝나는 동사

 言う, 聞く, 話す、飲む、死ぬ、読む、立つ、飛ぶ、泳ぐ…

② 어미가 る로 끝나는 동사 중에서 る앞의 음(어간 끝)이 a모음(あ단)、u모음(う단)、 o모음(お단)을 갖는 동사

예 ある、座る、乗る…

③ 예외 5단동사; 형태는 1단동사에 속하지만 예외적으로 5단 활용을 하는 5단동사

예 切る, 知る, 走る、帰る、滑る、蹴る、散る、入る、要る, 減る 등

2. 상1단동사 · 하1단동사(1단동사, Ⅱ류동사)

어미가 る로 끝나며, る앞의 음(어간 끝)이 i모음(い단)、e모음(え단)을 갖는 동사. る앞의 음이 i모음을 가지면 상1단동사, る앞의 음이 e모음을 가지면 하1단동사로 분류된다.

① 어미가 る로 끝나며 る앞의 음이 i모음을 가지는 동사를 상1단동사라 한다.

예 見る, 起きる, 借りる…

② 어미가 る로 끝나며 る앞의 음이 e모음을 가지는 동사를 하1단동사라 한다.

예 見える、食べる、寝る

3. か행변격동사 · さ행변격동사(변격동사, Ⅲ류동사)

불규칙 활용을 하는 변격동사에는 '来る', 'する' 단 둘뿐이다.

① か행변격동사 : '来る' 오다

② さ행변격동사 : 'する' 하다

✓ 동사의 「ます형」 ~(읍)니다

「ます」는 동사를 정중한 표현으로 만드는 조동사이다. 위에서 구분한 동사의 종류에 따라 「ます」에 연결되는 형태가 달라진다.

① 5단동사에서는 어미를 「い」단으로 바꾸고 「ます」를 붙인다.

> 예) 言(い)う → 言います, 書(か)く → 書きます
>
> 死(し)ぬ → 死にます, 飛(と)ぶ → 飛びます
>
> 乗(の)る → 乗ります, 話(はな)す → 話します
>
> 待(ま)つ → 待ちます, 読(よ)む → 読みます

② 1단동사에서는 어미 「る」를 빼고 「ます」를 붙인다.

> 예) 見(み)る → 見ます,   起(お)きる → 起きます
>
> 食(た)べる → 食べます, 寝(ね)る → 寝ます

③ 변격동사

> 예) 来(く)る → 来(き)ます, する → します

회화연습

1. 다음의 단어를 가지고 짧은 문장을 만들어 보세요.

> 단어 : 友_{とも}だち　遊_{あそ}ぶ, 会_あう, 呼_よぶ, 紹介_{しょうかい}する、来_くる

例)　友だち と 　＿＿＿遊び＿＿＿ ます。

　　　友だち に 　＿＿＿＿＿＿ ます。

　　　友だち を 　＿＿＿＿＿＿ ます。

　　　友だち を 　＿＿＿＿＿＿ ます。

　　　友だち が 　＿＿＿＿＿＿ ます。

2. 다음을 일본어로 말해 보자.

> 단어 : 終_おわる, 見_みる, 食_たべる, 来_くる, する

1) 끝납니다. 끝나지 않습니다. 끝났습니다. 끝나지 않았습니다.

＿＿＿＿＿＿ , ＿＿＿＿＿＿ , ＿＿＿＿＿＿ , ＿＿＿＿＿

2) 봅니다. 보지 않습니다. 보았습니다. 보지 않았습니다.

＿＿＿＿＿＿ , ＿＿＿＿＿＿ , ＿＿＿＿＿＿ , ＿＿＿＿＿

153

3) 먹습니다. 먹지 않습니다. 먹었습니다. 먹지 않았습니다.

_____ , _____ , _____ , _____

4) 옵니다. 오지 않습니다. 왔습니다. 오지 않았습니다.

_____ , _____ , _____ , _____

5) 합니다. 하지 않습니다. 하였습니다. 하지 않았습니다.

_____ , _____ , _____ , _____

📖 문형연습

1. 예문처럼 연습해 봅시다.

A : いっしょに アバタを 見に 行きませんか。

B : いいですよ。いっしょに 見に 行きましょう。

① サッカーを する
② お酒でも 飲む

실전연습

1. 표를 완성하세요. / 동사의 ます형과 동사의 종류를 써 보세요.

동사 기본형	의미	「ます형」	동사의 종류
会(あ)う	만나다		5단동사
行(い)く	가다		
歩(ある)く	걷다		
借(か)りる	빌리다		
待(ま)つ	기다리다		
急(いそ)ぐ	서두르다		
食(た)べる	먹다		1단동사
始(はじ)まる	시작되다		
話(はな)す	이야기하다		
起(お)きる	일어나다		
見(み)る	보다		
帰(かえ)る	돌아가다(오다)		5단동사
使(つか)う	사용하다		
教(おし)える	가르치다		
書(か)く	쓰다		
滑(すべ)る	미끄러지다		
寝(ね)る	자다		1단동사
通(かよ)う	다니다		
来(く)る	오다		변격동사
する	오다		변격동사

✎ 동사의 ます형과 종류에 대해 써 보고 친구와 대조해 보세요.

2. 옆 사람과 묻고 대답하기

① 朝 何時に 起きますか。

→ _____

② 授業は 何時に 終りますか。

→ _____

3. 짧은 글짓기

① 아침에 30분정도 운동을 합니다.

→ _____

② 수업은 9시부터 시작됩니다.

→ _____

③ 오늘밤 함께 영화를 보려갑시다.

→ _____

기본 인사말

よく わかりません。	잘 모르겠어요.
あまり 難(むず)かしいです。	너무 어려워요.
何(なん)ページですか。	몇 쪽이에요?
休(やす)みには なにを しましたか。	휴일에는 무엇을 했습니까?
いつも 何時(なんじ)に 起(お)きますか。	항상 몇 시에 일어납니까?
必(かなら)ず 来(き)て ください。	꼭 오세요.

◎ 御年玉 (おとしだま) 세뱃돈

설날에 부모나 친척이 어린이들에게 주는 돈

원래 신에게 바쳤다 물린 떡을 나누어 준 것이 시초

작고 무늬가 있는 오토시다마 봉투에 새 지폐를 넣어 줌

◎ 年賀状 (ねんがじょう) 연하장

연하장은 새해에 대한 기쁨을 나누고 감사와 변함없는 격려를 희망하는 인사장

연하특별우편제도에 의해 연하장은 설날 아침에 일제히 배달

일본전국에 배달되는 연초 연하장은 40억장 정도

연하장은 우정성에서 발행하는 연하용 엽서를 사용하는 것이 일반적

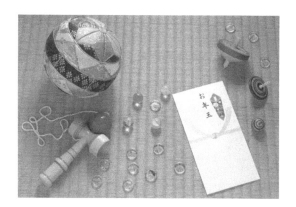

13 과 本<ruby>ほん</ruby>を 読<ruby>よ</ruby>みます　책을 읽습니다

　1. (나의 하루) わたしの いちにち。
　　　　　　　　　2. (동사활용) ごはんを たべます。
　　　　　　　　　3. (음편현상) トイレに 行っても いいですか。
　　　　　　　　　4. もう すこし がんばりましょう。

＜わたしの 一日<ruby>いちにち</ruby>＞

7:00　朝<ruby>あさ</ruby> 起<ruby>お</ruby>きて 顔<ruby>かお</ruby>を 洗<ruby>あら</ruby>います。朝<ruby>あさ</ruby>ごはんを 食<ruby>た</ruby>べます。

8:30　8時半<ruby>はん</ruby>ごろ 家<ruby>いえ</ruby>を 出<ruby>で</ruby>ます。教室<ruby>きょうしつ</ruby>で 本<ruby>ほん</ruby>を 読<ruby>よ</ruby>みます。

9:00　日本語<ruby>にほんご</ruby>の 勉強<ruby>べんきょう</ruby>を します。

12:00　昼<ruby>ひる</ruby>ごはんを 食<ruby>た</ruby>べます。

18:00　家に 帰<ruby>かえ</ruby>ります。運動<ruby>うんどう</ruby>を します。

19:00　晩<ruby>ばん</ruby>ごはんを 食べて 勉強を します。

23:00　お風呂<ruby>ふろ</ruby>に 入<ruby>はい</ruby>って寝<ruby>ね</ruby>ます。

本(ほん) : 책　　読む(よむ) : 읽다　　朝(あさ) : 아침　　起きる(おきる) : 일어나다　　朝(あさ)ごはん : 아침(밥)

食べる(たべる) : 먹다　　八時半(はちじはん) : 8시반　　家(いえ) : 집　　出る(でる) : 나오다, 나가다

教室(きょうしつ) : 교실　　勉強(べんきょう) : 공부　　する : 하다　　昼(ひる)ごはん : 점심(밥)

帰る(かえる) : 돌아가다(오다)　　運動(うんどう) : 운동　　晩(ばん)ごはん : 저녁(밥)　　お風呂(ふろ) : 욕조, 목욕탕

入る(はいる) : 들어가다　　寝る(ねる) : 자다

会話 1

（教室で）

先生：じゃあ、本文（ほんぶん）を読（よ）みましょう。よく 聞（き）いてから

　　　先生の 後（あと）に ついて 言（い）って ください。

金　：先生、もう少し、ゆっくり 言って ください。

金　：先生、トイレに 行（い）っても いいですか。

先生：いいですよ。はやく 行って 来（き）て ください。

金　：はい。

本文(ほんぶん)：본문　　～ましょう：~합시다　　～て ください：~해 주세요, ~해 주십시오

よく：잘　　後(あと)について：(뒤)따라서　　もうすこし：조금 더　　ゆっくり：천천히　　言う：말하다

トイレ：화장실　　行く(いく)：가다　　～てもいいですか：~해도 됩니까?　　はやく：빨리　　来る(くる)：오다

1. わたしの 一日 나의 하루

하루(一日)는 'いちにち'라 발음한다.

예 ① 今日は 長い 一日だった。 (오늘은 긴 하루였다.)

② ローマは 一日にして 成らず (로마는 하루아침에 이루어지지 않았다(속담).)

2. て ください ~해 주세요, ~하세요, ~해 주십시오

「ください」는 「くれる(다)」의 존경어인 「くださる」의 명령형이다.

예 ① 見せて ください。 (보여 주세요.)

② 教えて ください。 (가르쳐 주십시오.)

3. ても いいですか ~해도 됩니까?

예 ① トイレに 行っても いいですか。 (화장실에 가도 됩니까?)

4. 〔동사(형)〕 ましょう ~합시다

예 ① もう すこし 頑張りましょう。 (조금 더 분발해요.)

동사의 주요 표현과 활용

✓ 동사의 주요 표현

1. 5단동사의 주요 표현

기본형	어미가 (う)단	書く	쓰다
부정형	어간+(あ)단+ない	書かない	쓰지 않다
과거부정형	어간+(あ)단+なかった	書かなかった	쓰지 않았다
정중형(ます형)	어간+(い)단+ます	書きます	씁니다
과거형	어간+(※음편현상)+た	書いた	썼다
연결형	어간+(※음편현상)+て	書いて	쓰고, 써
가정형	어간+(え)단+ば	書けば	쓰면
명령형	어간+(え)단	書け	써라
의지, 권유형	어간+(お)단+う	書こう	쓰자

* 5단동사의 부정형 [ない] 접속 시 유의점 : 「言う」와 같이 어미가 う로 끝나는 동사는 「言あない」
  가 아니라 「言わない」로 된다.

음편

5단동사에서만 일어나는 현상으로, 발음을 편하게 하기 위해 다음의 세 가지 형태로 활용한다.

(1) 촉음편(促音便, っ음편)

동사 기본형의 어미가 「う、つ、る」인 5단동사에 연결표현 「て, た、たり、たら」가 접속되면, 어미 「う、つ、る」는 촉음 「っ」으로 음편현상이 일어나 「って, った、ったり、っ たら」로 된다.

> 예 言う → 言って, 言った、言ったり、言ったら
> 立つ → 立って, 立った、立ったり、立ったら
> 乗る → 乗って, 乗った、乗ったり、乗ったら

(2) 발음편撥音便, ん음편)

동사 기본형의 어미가 「む、ぶ、ぬ」인 5단동사에 연결 표현 「て、た、たり、たら」 가 접속되면, 어미 「む、ぶ、ぬ」는 발음 「ん」으로 음편현상이 일어나 「んで, んだ、 んだり、んだら」로 된다.

> 예 読む → 読んで, 読んだ、読んだり、読んだら
> 飛ぶ → 飛んで, 飛んだ、飛んだり、飛んだら
> 死ぬ → 死んで, 死んだ、死んだり、死んだら

(3) い음편(い音便)

동사 기본형의 어미가 「く、ぐ」인 5단동사에 연결표현 「て、た、たり、たら」가 접속되면, 어미 「く、ぐ」는 い음으로 음편현상이 일어나 각각 「いて、いた、いた

り、いたら」와「いで, いだ、いだり、いだら」로 된다. 단, 예외가 있어「行(い)く」는「行って」와 같이 촉음편으로 된다.

예 聞く → 聞いて、聞いた、聞いたり、聞いたら
　　泳ぐ → 泳いで, 泳いだ、泳いだり、泳いだら

2. 1단동사의 주요 표현

기본형	어미가 'る'	見る 보다	食べる 먹다
부정형	어간+ない	見ない 보지 않다	食べない 먹지 않다
과거부정형	어간+なかった	見なかった 보지 않았다	食べなかった 먹지 않았다
정중형(ます형)	어간+ます	見ます 봅니다	食べます 먹습니다
과거형	어간+た	見た 봤다	食べた 먹었다
연결형	어간+て	見て 보고, 봐	食べて 먹고, 먹어
가정형	어간+れば	見れば 보면	食べれば 먹으면
명령형	어간+ろ(어간+よ)	見ろ(見よ) 봐라	食べろ(食べよ) 먹어라
의지, 권유형	어간+よう	見よう 보자	食べよう 먹자

3. 변격동사의 주요 표현

기본형	する 하다	くる 오다
부정형	しない 하지 않다	こない 오지 않다
과거부정형	しなかった 하지 않았다	こなかった 오지 않았다

정중형(ます형)	します 합니다	きます 옵니다
과거형	した 했다	きた 왔다
연결형	して 하고, 하여	きて 오고, 와서
가정형	すれば 한다면	くれば 온다면
명령형	しろ, or せよ 해라	こい 와라
의지, 권유형	しよう 하자	こよう 오자

 〔동사〕 활용표

1. 5단동사

구분	미연형 (未然形)		연용형 (連用形)		종지형 (終止形)	연체형 (連体形)	가정형 (仮定形)	명령형 (命令形)
의미	부정	의지권유	정중	연결	끝맺음	명사연결	가정	명령
어미 활용	어간+ あ단	어간+ お단	어간+ い단	어간+음편	그대로	그대로	어간+ え단	어간+ え단
기본형 読む (읽다)	読まない (읽지 않다)	読もう (읽자)	読みます (읽습니다)	(読んで 読んだ 読んだり 読んだら)	読む (읽다)	読む 時 (읽을 때)	読めば (읽으면)	読め (읽어라)
	ない 부정의 조동사	う 의지, 권유의 조동사	ます 정중의 조동사	て た り たら	。	時 (때)	ば 가정의 접속조사	

* 5단동사의 연결표현,「접속조사 て(~하고, ~하여), 완료의 조동사 た(~했다)、병렬(열거) 조사 たり(~하기
도 하고)、조건・권유의 조동사 たら(~하면(어때요)、~하지(그러세요)」 접속은 위의 ※음편 참고.

(1) 5단동사 연습

読む(읽다)		書く(쓰다)	
読まない	(읽지 않다)	書かない	(쓰지 않다)
読もう	(읽자)	書こう	(쓰자)
読みます	(읽습니다)	書きます	(씁니다)
読んで	(읽고, 읽어)	書いて	(쓰고, 써)
(読んだ、読んだり、読んだら)		(書いた、書いたり、書いたら	
読む	(읽다)	書く	(쓰다)
読む 時	(읽을 때)	書く 時	(쓸 때)
読めば	(읽으면)	書けば	(쓰면)
読め	(읽어라)	書け	(써라)

2. 1단동사

구분	미연형 (未然形)		연용형 (連用形)		종지형 (終止形)	연체형 (連体形)	가정형 (仮定形)	명령형 (命令形)
의미	부정	의지권유	정중	연결	끝맺음	명사연결	가정	명령
어미 る 활용	어간+ る 탈락	어간+ る 탈락	어간+ る 탈락	어간+ る 탈락	그대로	그대로	어간+ れば	어간+ ろ, (よ)
기본형 見る (보다)	見ない (보지 않다)	見よう (보자)	見ます (봅니다)	見て 見た 見たり 見たら	見る (보다)	見る 時 (볼 때)	見れば (보면)	見ろ (見よ) (보아라)
기본형 食べる (먹다)	食べない (먹지 않다)	食べよう (먹자)	食べます (먹습니다)	食べて 食べた 食べたり 食べたら	食べる (먹다)	食べる 時 (먹을 때)	食べ れば (먹으면)	食べろ 食べよ (먹어라)
	ない 부정의 조동사	よう 의지, 권유의 조동사	ます 정중의 조동사	て た たり たら	。	時 (때)	ば 가정의 접속조사	

* 의지 권유의 조동사 う 와 よう : 5단동사에는 う, 그 외의 동사에는 よう를 접속.

(1) 1단동사 연습

起^おきる(일어나다)		寝^ねる(자다)	
起きない	(일어나지 않다)	寝ない	(자지 않다)
起きよう	(일어나자)	寝よう	(자자)
起きます	(일어납니다)	寝ます	(잡니다)
起きて	(일어나서, 일어나고)	寝て	(자고, 자서)
(起きた、起きたり、起きたら)		(寝た、寝たり、寝たら)	
起きる	(일어나다)	寝る	(자다)
起きる 時^{とき}	(일어날 때)	寝る 時^{とき}	(잘 때)
起きれば	(일어나면)	寝れば	(자면)
起きろ	(일어나거라)	寝ろ	(자거라)
(起きよ)		(寝よ)	

3. 변격동사

구분	미연형 (未然形)		연용형 (連用形)		종지형 (終止形)	연체형 (連体形)	가정형 (仮定形)	명령형 (命令形)
의미	부정	의지권유	정중	연결	끝맺음	명사연결	가정	명령
기본형 くる (오다)	こない (오지 않다)	こよう (오자)	きます (옵니다)	きて きた きたり きたら	くる (오다)	くる 時 (올 때)	くれば (오면)	こい (와라)
기본형 する (하다)	しない (하지 않다)	しよう (하자)	します (합니다)	して した したり したら	する (하다)	する 時 (할 때)	すれば (하면)	しろ (せよ) (해라)
	ない 부정의 조동사	よう 의지, 권유의 조동사	ます 정중의 조동사	て た たり たら	。	時 (때)	ば 가정의 접속조사	

* 변격동사는 불규칙활용을 하므로 그대로 암기해 버리면 됨.

- くる→ こない・こよう・きます・きて・くる・くる 時・くれば・こい
- する→ しない・しよう・します・して・する・する 時・すれば・しろ(せよ)

회화연습

1. あさ 何^{なに}を しますか。(아침에 무엇을 합니까?)

   ① 일어납니다.

   ② 밥을 먹습니다.

2. ひる 何を しますか。(낮에 무엇을 합니까?)

   ① 점심을 먹습니다.

   ② 책을 읽습니다.

   ③ 친구와 놉니다.

3. よる 何を しますか。(밤에 무엇을 합니까?)

   ① 저녁을 먹습니다.

   ② 목욕합니다.

   ③ 공부합니다.

   ④ 잡니다.

📖 문형연습

1. 두 문장을 연결하여 한 문장으로 만들어 보세요.

① ばんごはんを たべます。勉強をします。

➔ _____

② 家にかえります。運動をします。

➔ _____

2. 다음 동사를 음편형으로 만들어 보세요.

ex) こちらを みる → こちらを みて ください。

① ゆっくり いう。

➔ _____

② はやく 行って くる。

➔ _____

실전연습

1. 夏休みの 計画　여름방학 계획 세우기

（先生）　あしたから なつやすみです。

　　　　　みなさん、一日の 計画を 書いてください。

〈예시안〉

<h3 align="center">〈わたしのいちにち〉</h3>

7:00　おきます。

7:00　あさごはんを たべます。

10:00　ほんを よみます。

12:00　ひるごはんを たべます。

　　　　ともだちと あそびます。

19:00　　ばんごはんを たべます。

　　　　べんきょうを します。

22:00　おふろに はいります。

23:00　ねます。

〈나의 하루〉

7:00   일어납니다.

8:00   아침 밥을 먹습니다.

10:00   책을 읽습니다.

12:00   점심을 먹습니다.

          친구와 놉니다.

19:00   저녁을 먹습니다.

          공부합니다.

22:00   목욕을 합니다.

23:00   잡니다.

〈나의 하루(ぼくの いちにち)〉

✐당신의 하루를 말해 보세요.(あなたの 一日(いちにち)を いって みましょう。)

2. 옆 사람과 묻고 대답하기

① 朝 何時に 起きますか。

→ _____

② 一日に 何時間 勉強しますか。

→ _____

③ いつも 何時に ねますか。

→ _____

3. 짧은 글짓기

① 목욕을 합니다.

→ _____

② 좀 더 분발합시다.

→ _____

③ 리포트를 쓰거나 음악을 듣거나 합니다.

→ _____

기본 인사말

いいえ、ちがいます。 　　　　아니에요, 틀립니다.

よく わかりません。 　　　　잘 모르겠습니다.

どこまで 行(い)きますか。 　　어디까지 갑니까?

かしこまりました。 　　　　잘 알겠습니다.

ここから どの くらい かかりますか。 　여기서 얼마나 걸립니까?

少々(しょうしょう) お待(ま)ちください。 　잠시만 기다려 주십시오.

◎ テニス

일본에서 잘 알지 못하는 사람과 이야기 할 때 꺼내기 쉬운 말을
'テニス'라고 한다.

- テ : 天気　날씨
- ニ : ニュース　뉴스
- ス : 好きな もの　좋아하는 것

◎ 恵方巻き

2월 3일은 節分(세쯔분)인데, 이때 콩을 도깨비에게 던지는 풍습이 있다. 도깨비는
물러가고 복은 안으로 들어오라는 행사이다. 또한 지역에 따라서는 그해 운이 좋
다고 하는 방향을 향해 눈을 감고 소원을 떠올리며 두꺼운 김밥인 恵方巻き를 통
째로 먹는 풍습이 있다.

부록

일본어 가나쓰기 연습

1. 히라가나 청음쓰기 연습
2. 가타가나 청음쓰기 연습
3. 히라가나 · 가타가나 탁음 · 반탁음 연습
4. 히라가나 · 가타가나의 요음 연습
5. 히라가나 · 가타가나의 촉음 연습
6. 히라가나 · 가타가나의 발음(撥音) 연습
7. 히라가나 · 가타가나의 장음쓰기 연습
8. 일본어 문장쓰기 연습–생활인사회화
9. 일본어 문장쓰기 연습–생활기초회화

01. 히라가나 청음쓰기 연습

히라가나 청음(淸音)을 자신 있게 따라 연습해 보자.

1) あ행

あ	あ	あ			
い	い	い			
う	う	う			
え	え	え			
お	お	お			

* 우리말의 〔아, 이, 우, 에, 오〕에 가깝게 발음. 단, 〔う〕 발음은 우리말의 〔우〕보다는 〔으〕에 더 가깝게 발음함. 〔う〕 단 발음은 이하에서도 동일하게 적용됨.

▶〈あ행〉 단어 익히기

소리 내어 읽고, 써보자.

🔊 あい(사랑), いえ(집), うえ(위), あお(파랑)

あ	い							
い	え							
う	え							
あ	お							

2) か행

か	か	か				
き	き	き				
く	く	く				
け	け	け				

* 우리말의 〔카, 키, 쿠, 케, 코〕에 가깝게 발음. 단, か행의 〔k〕음은 단어의 맨 앞에 올 때는 우리말의 발음의 〔ㄱ〕에 가깝고, 그 외에는 〔ㅋ〕에 가깝게 발음함.

▶〈か행〉 단어 익히기

소리 내어 읽고, 써보자.

💿 かき(감), き(나무), きく(국화), いけ(연못), こえ(소리)

か	き							
き								
き	く							
い	け							
こ	え							

3) さ행

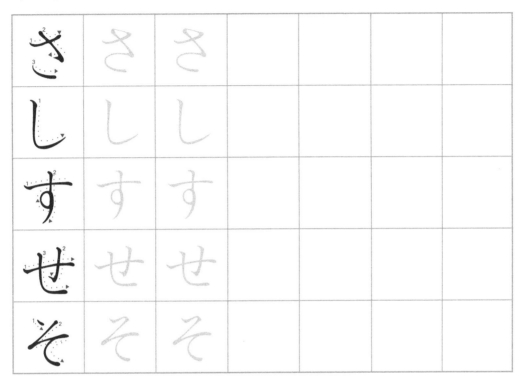

さ	さ	さ				
し	し	し				
す	す	す				
せ	せ	せ				
そ	そ	そ				

* 우리말의 〔사, 시, 스, 세, 소〕에 가깝게 발음.

▶〈さ행〉단어 익히기

소리 내어 읽고, 써보자.

 あさ(아침), しか(사슴), すいか(수박), あせ(땀), うそ(거짓말)

あ	さ						
し	か						

す	い	か							
あ	せ								
う	そ								

4) た행

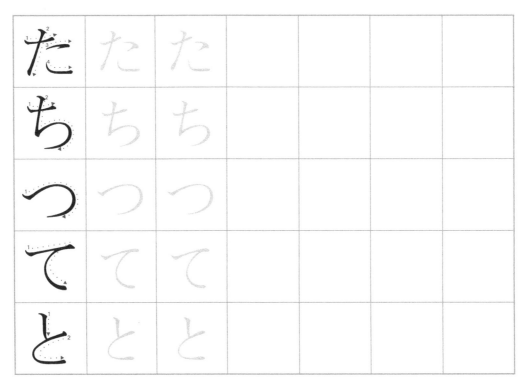

* 우리말의 〔타, 치, 츠, 테, 토〕에 가깝게 발음. 단, 〔た〕, 〔て〕, 〔と〕음은 단어의 맨 앞에 올 때는 우리말의
발음의 〔ㄷ〕에 가깝고, 그 외에는 〔ㅌ〕에 가깝게 발음함. 〔ち〕, 〔つ〕의 경우는 우리말에는 없는 발음으로,
발음에 유의해야 하며, 발음은 우리말의 〔치, 츠〕에 가깝게 발음.

▶〈た행〉 단어 익히기

소리 내어 읽고, 써보자.

たけ(대나무), ちち(아빠), つき(달), て(손), とけい(시계)

た	け						
ち	ち						
つ	き						
て							
と	け	い					

5) な행

な	な	な			
に	に	に			
ぬ	ぬ	ぬ			

ね	ね	ね				
の	の	の				

* 우리말의 〔나, 니, 누, 네, 노〕에 가깝게 발음.

▶〈な행〉 단어 익히기

소리 내어 읽고, 써보자.

なし(배), あに(형, 오빠), いぬ(강아지), ねこ(고양이), のり(김)

な	し						
あ	に						
い	ぬ						
ね	こ						
の	り						

6) は행

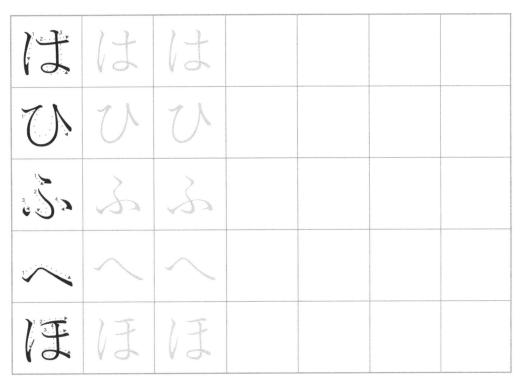

* 우리말의 〔하, 히, 후, 헤, 호〕에 가깝게 발음.

▶〈は행〉 단어 익히기

소리 내어 읽고, 써보자.

はは(엄마), ひこうき(비행기), ふね(배), へや(방), ほんだな(서가)

は	は					
ひ	こ	う	き			

ふ	ね					
へ	や					
ほ	ん	だ	な			

7) ま행

ま	ま	ま				
み	み	み				
む	む	む				
め	め	め				
も	も	も				

* 우리말의 〔마, 미, 무, 메, 모〕에 가깝게 발음.

▶ 〈ま행〉 단어 익히기

소리 내어 읽고, 써보자.

🎵 くま(곰), みみ(귀), むし(벌레), め(눈), くも(거미)

く	ま						
み	み						
む	し						
め							
く	も						

8) や행

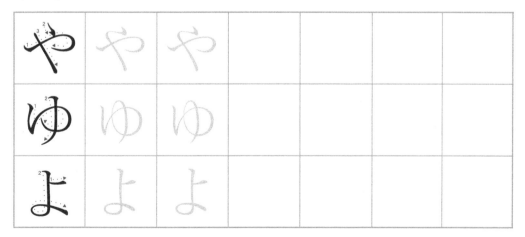

* 우리말의 〔야, 유, 요〕에 가깝게 발음.

▶ 〈や행〉 단어 익히기

소리 내어 읽고, 써보자.

🌀 やま(산), ゆき(눈), よなか(한밤)

や	ま						
ゆ	き						
よ	な	か					

9) ら행

ら	ら	ら				
り	り	り				
る	る	る				
れ	れ	れ				

ろ	ろ	ろ				

* 우리말의 〔라, 리, 루, 레, 로〕에 가깝게 발음.

▶ 〈ら행〉 단어 익히기

소리 내어 읽고, 써보자.

🌀 そら(하늘), りす(다람쥐), くるま(자동차), れっしゃ(열차), ろば(당나귀)

そ	ら						
り	す						
く	る	ま					
れ	っ	し	ゃ				
ろ	ば						

10) わ행([ん]은 받침으로 별도임)

* 우리말의 〔와, 오, 응〕에 가깝게 발음. 〔を〕는 あ행의 〔お〕와 발음이 동일함. 〔ん〕은 받침으로 우리말의
　　〔ㅇ, ㄴ, ㅁ〕의 세 가지 발음에 가깝게 발음함.

▶ 〈わ행〉 단어 익히기

소리 내어 읽고, 써보자.

🎯　わたし(나), ゆめを みる(꿈을 꾼다), にほんご(일본어)

わ	た	し						
ゆ	め	を						
に	ほ	ん	ご					

02. 가타가나 청음쓰기 연습

가타가나 청음(清音)을 자신 있게 따라 연습해 보자.

1) ア행

* 우리말의 (아, 이, 우, 에, 오)에 가깝게 발음. 단, (う)발음은 우리말의 (우)보다는 (으)에 더 가깝게 발음함. (う) 단 발음은 이하에서도 동일하게 적용됨.

▶〈ア행〉 단어 익히기

소리 내어 읽고, 써보자.

🌀 アイロン(다리미), ウルトラマン(울트라맨), エアコン(에어콘),

オレンジ(오렌지)

ア	イ	ロ	ン					
ウ	ル	ト	ラ	マ	ン			
エ	ア	コ	ン					
オ	レ	ン	ジ					

2) カ행

カ	カ	カ			
キ	キ	キ			
ク	ク	ク			
ケ	ケ	ケ			

| コ | コ | コ | | | | |

* 우리말의 〔카, 키, 쿠, 케, 코〕에 가깝게 발음. 단, か행의 〔k〕 음은 단어의 맨 앞에 올 때는 우리말의 발
음의 〔ㄱ〕에 가깝고, 그 외에는 〔ㅋ〕에 가깝게 발음함.

▶〈力행〉 단어 익히기

소리 내어 읽고, 써보자.

🌀 カメラ(카메라), キッチン(주방), クッキー(쿠키), ケーキ(케이크),
コーヒー(커피)

カ	メ	ラ						
キ	ッ	チ	ン					
ク	ッ	キ	ー					
ケ	ー	キ						
コ	ー	ヒ	ー					

3) サ행

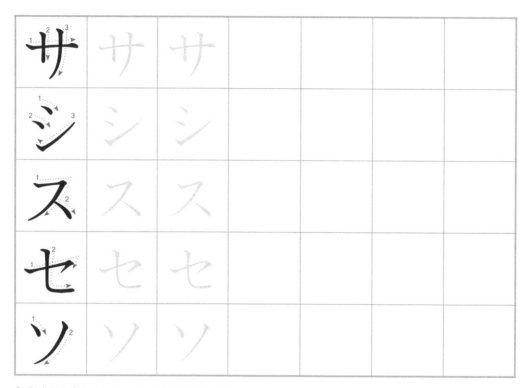

* 우리말의 〔사, 시, 스, 세, 소〕에 가깝게 발음.

▶ 〈サ행〉 단어 익히기

소리 내어 읽고, 써보자.

サーカス(서커스), シーソー(시소), スケート(스케이트),
セーター(스웨터), ソーセージ(소세지)

サ	ー	カ	ス					

シ	ー	ソ	ー					
ス	ケ	ー	ト					
セ	ー	タ	ー					
ソ	ー	セ	ー	ジ				

4) タ행

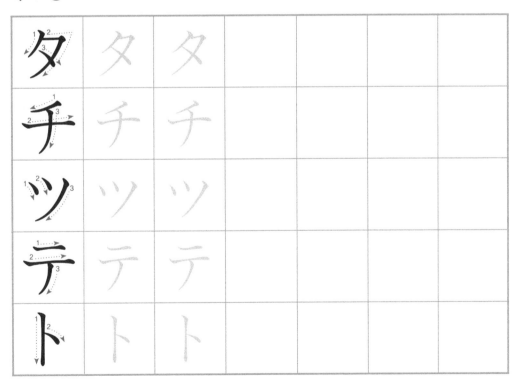

* 우리말의 〔타, 치, 츠, 테, 토〕에 가깝게 발음. 단, 〔た〕, 〔て〕, 〔と〕음은 단어의 맨 앞에 올 때는 우리말의
발음의 〔ㄷ〕에 가깝고, 그 외에는 〔ㅌ〕에 가깝게 발음함. 〔ち〕, 〔つ〕의 경우는 우리말에는 없는 발음으로,
발음에 유의해야하며, 발음은 우리말의 〔치, 츠〕에 가깝게 발음.

▶〈タ행〉 단어 익히기

소리 내어 읽고, 써보자.

タクシー(택시), チーズ(치즈), シャツ(셔츠), テレビ(텔레비젼),
トマト(토마토)

タ	ク	シ	ー					
チ	ー	ズ						
シ	ャ	ツ						
テ	レ	ビ						
ト	マ	ト						

5) ナ행

ナ	ナ	ナ				
二	二	二				

* 우리말의 〔나, 니, 누, 네, 노〕에 가깝게 발음.

▶〈ナ행〉단어 익히기

소리 내어 읽고, 써보자.

ナイフ(나이프), テニス(테니스), カヌー(카누), ネクタイ(넥타이),
ノート(노트)

ナ	イ	フ				
テ	ニ	ス				
カ	ヌ	ー				
ネ	ク	タ	イ			
ノ	ー	ト				

6) ハ행

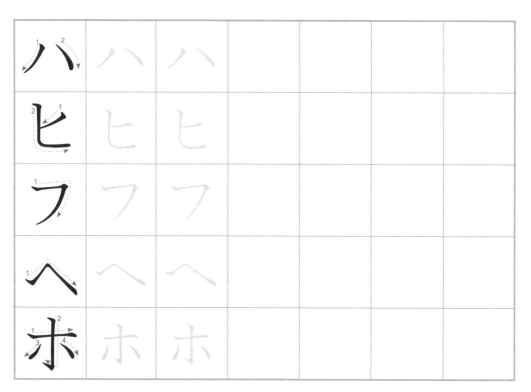

* 우리말의 〔하, 히, 후, 헤, 호〕에 가깝게 발음.

▶〈ハ행〉단어 익히기

소리 내어 읽고, 써보자.

ハンバーガー(햄버거), ヒーロー(영웅), フルーツ(과일),

ヘリコプター(헬리콥터), ホットドック(핫도그)

ハ	ン	バ	ー	ガ	ー			

ヒ	ー	ロ	ー					
フ	ル	ー	ツ					
ヘ	リ	コ	プ	タ	ー			
ホ	ッ	ト	ド	ッ	ク			

7) マ행

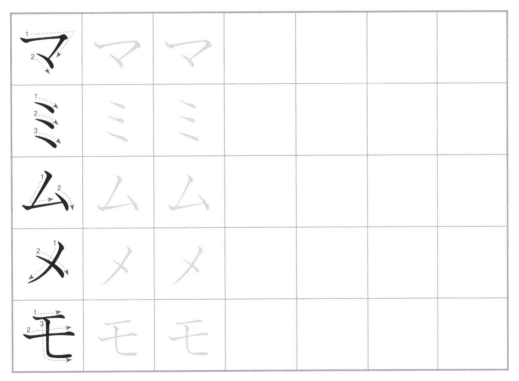

マ	マ	マ				
ミ	ミ	ミ				
ム	ム	ム				
メ	メ	メ				
モ	モ	モ				

* 우리말의 〔마, 미, 무, 메, 모〕에 가깝게 발음.

▶〈マ행〉단어 익히기

소리 내어 읽고, 써보자.

🌀 マフラー(목도리)，ミルク(우유)，ハム(햄)，メロン(멜론)，メモ(메모)

マ	フ	ラ	ー					
ミ	ル	ク						
ハ	ム							
メ	ロ	ン						
メ	モ							

8) ヤ행

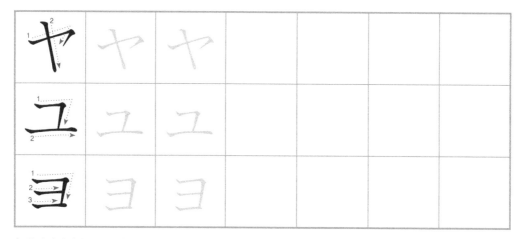

ヤ	ヤ	ヤ				
ユ	ユ	ユ				
ヨ	ヨ	ヨ				

* 우리말의 〔야, 유, 요〕에 가깝게 발음.

200

▶〈ヤ행〉 단어 익히기

소리 내어 읽고, 써보자.

🌀 ヤクルト(야쿠르트), ヤッホー(야~호), ユニホーム(유니폼),

ヨット(요트), ヨーグルト(요구르트)

ヤ	ク	ル	ト					
ヤ	ッ	ホ	ー					
ユ	ニ	ホ	ー	ム				
ヨ	ッ	ト						
ヨ	ー	グ	ル	ト				

9) ラ행

ラ	ラ	ラ				
リ	リ	リ				

* 우리말의 〔라, 리, 루, 레, 로〕에 가깝게 발음.

▶〈ラ행〉 단어 익히기

소리 내어 읽고, 써보자.

ラジオ(라디오), リボン(리본), ルビー(루비), リレー(릴레이),

ロボット(로봇)

ラ	ジ	オ					
リ	ボ	ン					
ル	ビ	ー					
リ	レ	ー					
ロ	ボ	ッ	ト				

10) ワ행([ン]은 받침으로 별도임)

* 우리말의 〔와, 오, 응〕에 가깝게 발음. 〔を〕는 あ행의 〔お〕와 발음이 동일함. 〔ん〕은 받침으로 우리말의 〔ㅇ, ㄴ, ㅁ〕의 세 가지 발음에 가깝게 발음함.

▶〈ワ행〉 단어 익히기

소리 내어 읽고, 써보자.

🔵 ワープロ(워드프로세서), ワンピース(원피스), ヲ(해당단어 없음),

パン(빵), パソコン(퍼스널컴퓨터)

ワ	ー	プ	ロ					
ワ	ン	ピ	ー	ス				
パ	ン							
パ	ソ	コ	ン					

03. 히라가나 · 가타가나 탁음 · 반탁음 연습

히라가나와 가타가나의 탁음(濁音)·반탁음(半濁音)을 즐겁게 따라 연습해 보자.

1) が행

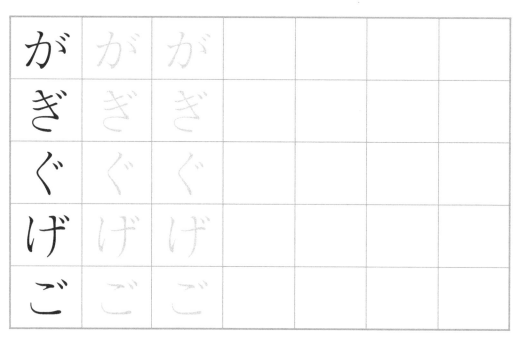

が	が	が			
ぎ	ぎ	ぎ			
ぐ	ぐ	ぐ			
げ	げ	げ			
ご	ご	ご			

* 우리말의 〔가, 기, 구, 게, 고〕에 비슷하나, 약간 약하고 비음(콧소리)에 가깝게 발음.

▶〈が행〉 단어 익히기

소리 내어 읽고, 써보자.

めがね(안경), かぎ(열쇠), かぐ(가구), げんかん(현관), たまご(달걀)

め	が	ね						

か	ぎ							
か	ぐ							
げ	ん	か	ん					
た	ま	ご						

2) ざ행

ざ	ざ	ざ				
じ	じ	じ				
ず	ず	ず				
ぜ	ぜ	ぜ				
ぞ	ぞ	ぞ				

* 우리말의 〔자, 지, 즈, 제, 조〕에 비슷하나, 약간 울리게 발음.

▶〈ざ행〉 단어 익히기

소리 내어 읽고, 써보자.

🌀 ざしき(손님방), そうじ(청소), すずめ(참새), かぜ(바람), ぞう(코끼리)

ざ	し	き						
そ	う	じ						
す	ず	め						
か	ぜ							
ぞ	う							

3) だ행

だ	だ	だ				
ぢ	ぢ	ぢ				
づ	づ	づ				

で	で	で				
ど	ど	ど				

* 우리말의 〔다, 지, 즈, 데, 도〕에 가깝게 발음. 〔ぢ〕, 〔づ〕는 앞의 〔じ〕, 〔ず〕와 발음이 동일함.

▶ 〈だ행〉 단어 익히기

소리 내어 읽고, 써보자.

 くだもの(과일), はなぢ(코피), つづき(연결), でんわ(전화),
　こども(어린이)

く	だ	も	の						
は	な	ぢ							
つ	づ	き							
で	ん	わ							
こ	ど	も							

4) ば행

ば	ば	ば				
び	び	び				
ぶ	ぶ	ぶ				
べ	べ	べ				
ぼ	ぼ	ぼ				

* 우리말의 [바, 비, 부, 베, 보]에 가깝게 발음.

▶ 〈ば행〉 단어 익히기

소리 내어 읽고, 써보자.

かば(하마), えび(새우), ぶた(돼지), くちべに(립스틱), ぼうし(모자)

か	ば							
え	び							
ぶ	た							

く	ち	べ	に						
ぼ	う	し							

5) ガ행

ガ	ガ	ガ				
ギ	ギ	ギ				
グ	グ	グ				
ゲ	ゲ	ゲ				
ゴ	ゴ	ゴ				

* 우리말의 〔가, 기, 구, 게, 고〕에 비슷하나, 약간 약하고 비음(콧소리)에 가깝게 발음.

▶ 〈ガ행〉 단어 익히기

소리 내어 읽고, 써보자.

ガム(껌), ギター(기타), グラス(컵), ゲスト(손님), ゴルフ(골프)

ガ	ム								
ギ	タ	ー							
グ	ラ	ス							
ゲ	ス	ト							
ゴ	ル	フ							

6) ザ행

ザ	ザ	ザ				
ジ	ジ	ジ				
ズ	ズ	ズ				
ゼ	ゼ	ゼ				
ゾ	ゾ	ゾ				

* 우리말의 〔자, 지, 즈, 제, 조〕에 비슷하나, 약간 울리게 발음.

▶ 〈ザ행〉 단어 익히기

소리 내어 읽고, 써보자.

ザボン(자몽), ジーンズ(청바지), ズボン(바지), ゼロ(영), ゾーン(지역, 존)

ザ	ボ	ン						
ジ	ー	ン	ズ					
ズ	ボ	ン						
ゼ	ロ							
ゾ	ー	ン						

7) ダ행

ダ	ダ	ダ				
ヂ	ヂ	ヂ				
ヅ	ヅ	ヅ				

デ	デ	デ				
ド	ド	ド				

* 우리말의 〔다, 지, 즈, 데, 도〕에 가깝게 발음. 〔ヂ〕, 〔ヅ〕는 앞의 〔ジ〕, 〔ズ〕와 발음이 동일함.

▶ 〈ダ행〉 단어 익히기

소리 내어 읽고, 써보자.

 ダイヤル(다이얼), デザート(디저트), ドア(문)

ダ	イ	ヤ	ル					
デ	ザ	ー	ト					
ド	ア							

8) バ행

バ	バ	バ				
ビ	ビ	ビ				

ブ	ブ	ブ				
ベ	ベ	ベ				
ボ	ボ	ボ				

* 우리말의 (바, 비, 부, 베, 보)에 가깝게 발음.

▶〈バ행〉 단어 익히기

소리 내어 읽고, 써보자.

バナナ(바나나), ビール(맥주), ブラシ(브러시), ベルト(벨트), ボール(공)

バ	ナ	ナ						
ビ	ー	ル						
ブ	ラ	シ						
ベ	ル	ト						
ボ	ー	ル						

9) ぱ행

ぱ	ぱ	ぱ				
ぴ	ぴ	ぴ				
ぷ	ぷ	ぷ				
ぺ	ぺ	ぺ				
ぽ	ぽ	ぽ				

* 우리말의 (파, 피, 푸, 페, 포)에 가깝게 발음.

▶ ⟨ぱ행⟩ 단어 익히기

소리 내어 읽고, 써보자.

かんぱい(건배), えんぴつ(연필), きっぷ(표), ぺこぺこ(꼬르륵),
しっぽ(꼬리)

か	ん	ぱ	い				
え	ん	ぴ	つ				

き	っ	ぷ						
ぺ	こ	ぺ	こ					
し	っ	ぷ						

10) パ행

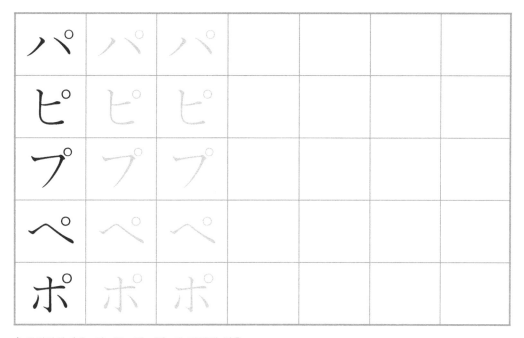

パ	パ	パ				
ピ	ピ	ピ				
プ	プ	プ				
ぺ	ぺ	ぺ				
ポ	ポ	ポ				

* 우리말의 〔파, 피, 푸, 페, 포〕에 가깝게 발음.

▶ 〈パ행〉 단어 익히기

소리 내어 읽고, 써보자.

🌸 パンツ(팬츠), ピアノ(파아노), プール(수영장), ペンギン(펭귄),

ポスト(우체통)

パ	ン	ツ						
ピ	ア	ノ						
プ	ー	ル						
ペ	ン	ギ	ン					
ポ	ス	ト						

04. 히라가나·가타가나의 요음 연습

히라가나와 가타가나의 요음(拗音)을 재미있게 따라 연습해 보자.

1-1) き 요음

きゃ	きゃ	きゃ		
きゅ	きゅ	きゅ		
きょ	きょ	きょ		

* 우리말의 〔캬, 큐, 쿄〕에 가깝게 발음.

▶ **단어쓰기 익히기**

おきゃくさん(손님), きゅうりょう(급료), きょかしょ(교과서),
きょうしつ(교실), きょろきょろ(두리번두리번)

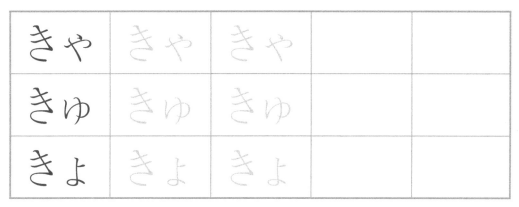

お	きゃ	く	さ	ん			
きゅ	う	りょ	う				
きょ	う	か	しょ				

きょ	う	し	つ					
きょ	ろ	きょ	ろ					

1-2) し 요음

しゃ	しゃ	しゃ		
しゅ	しゅ	しゅ		
しょ	しょ	しょ		

* 우리말의 〔샤, 슈, 쇼〕에 가깝게 발음.

▶ 단어쓰기 익히기

しゃしん(사진), いしゃ(의사), せんしゅ(선수), うんてんしゅ(운전수),
しょうかい(소개)

しゃ	し	ん						
い	しゃ							
せ	ん	しゅ						

う	ん	て	ん	しゅ				
しょ	う	か	い					

1-3) ち 요음

ちゃ	ちゃ	ちゃ		
ちゅ	ちゅ	ちゅ		
ちょ	ちょ	ちょ		

* 우리말의 (차, 츄, 쵸)에 가깝게 발음.

▶ **단어쓰기 익히기**

おちゃ(녹차), ちゅうしゃき(주사기), ちょうちょう(나비),
ちゃわん(밥그릇), ちょきん(저금)

お	ちゃ								
ちゅ	う	しゃ	き						
ちょ	う	ちょ	う						

ちゃ	わ	ん						
ちょ	き	ん						

1-4) に 요음

にゃ	にゃ	にゃ		
にゅ	にゅ	にゅ		
にょ	にょ	にょ		

* 우리말의 〔냐, 뉴, 뇨〕에 가깝게 발음.

▶ 단어쓰기 익히기

にゅうがく(입학), にゅうし(입시), にゅうもん(입문),
にゅういん(입원), にょうぼう(마누라)

にゅ	う	が	く					
にゅ	う	し						
にゅ	う	も	ん					

に	ゅ	う	い	ん					
に	ょ	う	ぼ	う					

1-5) ひ 요음

ひゃ	ひゃ	ひゃ		
ひゅ	ひゅ	ひゅ		
ひょ	ひょ	ひょ		

* 우리말의 [햐, 휴, 효]에 가깝게 발음.

▶ 단어쓰기 익히기

ひゃくえん(백엔), ひゃくねん(백년), ひょう(표범),
ひょうじょう(표정), ひょうし(표지)

ひゃ	く	え	ん						
ひゃ	く	ね	ん						

ひ	ょ	う						
ひ	ょ	う	じょ	う				
ひ	ょ	う	し					

1-6) み 요음

みや	みや	みや		
みゆ	みゆ	みゆ		
みょ	みょ	みょ		

* 우리말의 〔먀, 뮤, 묘〕에 가깝게 발음.

▶ 단어쓰기 익히기

🌀 さんみゃく(산맥), みょうぎ(묘기), みょうじ(성, 이름),

みょうみ(묘미)

さ	ん	みゃ	く				
みょ	う	ぎ					

み	ょ	う	じ						

み	ょ	う	み						

1-7) り 요음

りゃ	りゃ	りゃ		
りゅ	りゅ	りゅ		
りょ	りょ	りょ		

* 우리말의 〔랴, 류, 료〕에 가깝게 발음.

▶ 단어쓰기 익히기

りゃくず(약도), りゅうせい(유성, 별똥별), りょこう(여행),
りょうり(요리), みりょく(매력)

りゃ	く	ず						

りゅ	う	せ	い					

りょ	こ	う						

りょ	う	り					
み	りょ	く					

1-8) ぎ 요음

ぎゃ	ぎゃ	ぎゃ		
ぎゅ	ぎゅ	ぎゅ		
ぎょ	ぎょ	ぎょ		

* 우리말의 〔갸, 규, 교〕에 가깝게 발음.

▶ **단어쓰기 익히기**

ぎゃっきょう(역경), ぎゅうにゅう(우유), ぎょみん(어민),
きんぎょ(금붕어)

ぎゃ	っ	きょ	う				
ぎゅ	う	にゅ	う				
ぎょ	み	ん					

き	ん	ぎょ					

1-9) じ 요음

じゃ	じゃ	じゃ		
じゅ	じゅ	じゅ		
じょ	じょ	じょ		

* 우리말의 〔쟈, 쥬, 죠〕에 가깝게 발음.

▶ 단어쓰기 익히기

じんじゃ(신사), じゅぎょう(수업), じょせい(여성), こうじょう(공장)

じ	ん	じゃ					
じゅ	ぎょ	う					
じょ	せ	い					
こ	う	じょ	う				

1-10) び 요음

びゃ	びゃ	びゃ		
びゅ	びゅ	びゅ		
びょ	びょ	びょ		

* 우리말의 〔뱌, 뷰, 뵤〕에 가깝게 발음.

▶ **단어쓰기 익히기**

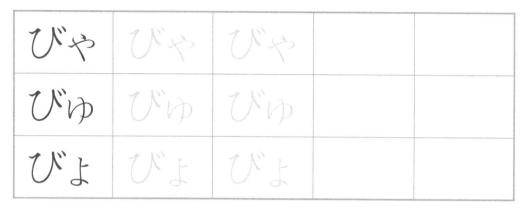 さんびゃく(삼백), びょうにん(병자), びょうよみ(초읽기),
びょういん(병원), びょうぶ(병풍)

さ	ん	びゃ	く					
びょ	う	に	ん					
びょ	う	よ	み					
びょ	う	い	ん					
びょ	う	ぶ						

1-11) ぴ 요음

ぴゃ	ぴゃ	ぴゃ		
ぴゅ	ぴゅ	ぴゅ		
ぴょ	ぴょ	ぴょ		

* 우리말의 (파, 퓨, 표)에 가깝게 발음.

▶ 단어쓰기 익히기

ろっぴゃく(육백), はっぴょう(발표), ぴょんぴょん(깡총깡총)

ろ	っ	ぴゃ	く					
は	っ	ぴょ	う					
ぴょ	ん	ぴょ	ん					

2-1) き 요음

キャ	キャ	キャ		

キュ	キュ	キュ		
キョ	キョ	キョ		

* 우리말의 〔캬, 큐, 쿄〕에 가깝게 발음.

▶ **단어쓰기 익히기**

🎯 キャンプ(캠프), キャリア(경력), キューピット(큐피드)

キャ	ン	プ						
キャ	リ	ア						
キュ	ー	ピ	ッ	ト				

2-2) し 요음

シャ	シャ	シャ		
シュ	シュ	シュ		
ショ	ショ	ショ		

* 우리말의 〔샤, 슈, 쇼〕에 가깝게 발음.

▶ 단어쓰기 익히기

🎯 シャンプー(샴푸), シュークリーム(슈크림), ショーツ(반바지)

シャ	ン	プ	ー					
シュ	ー	ク	リ	ー	ム			
ショ	ー	ツ						

2-3) ち 요음

チャ	チャ	チャ		
チュ	チュ	チュ		
チョ	チョ	チョ		

* 우리말의 [차, 츄, 쵸]에 가깝게 발음.

▶ 단어쓰기 익히기

🎯 チャンピオン(챔피언), チューリップ(튤립), チョコレート(초콜릿)

チャ	ン	ピ	オ	ン				

チュ	ー	リ	ッ	プ				
チョ	コ	レ	ー	ト				

2-4) に 요음

ニャ	ニャ	ニャ		
ニュ	ニュ	ニュ		
ニョ	ニョ	ニョ		

* 우리말의 〔냐, 뉴, 뇨〕에 가깝게 발음.

▶ 단어쓰기 익히기

🎵 ニャーニャー(야옹야옹), ニュース(뉴스), ニュアンス(뉘앙스)

ニャ	ー	ニャ	ー					
ニュ	ー	ス						
ニュ	ア	ン	ス					

2-5) ひ 요음

ヒャ	ヒャ	ヒャ		
ヒュ	ヒュ	ヒュ		
ヒョ	ヒョ	ヒョ		

* 우리말의 〔햐, 휴, 효〕에 가깝게 발음.

▶ 단어쓰기 익히기

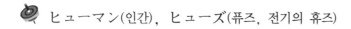 ヒューマン(인간), ヒューズ(퓨즈, 전기의 휴즈)

ヒュ	ー	マ	ン					
ヒュ	ー	ズ						

2-6) み 요음

ミャ	ミャ	ミャ		
ミュ	ミュ	ミュ		

231

ミ ヨ	ミ ヨ	ミ ヨ		

* 우리말의 (먀, 뮤, 묘)에 가깝게 발음.

▶ **단어쓰기 익히기**

🪀 ミュージック(뮤직), ミュージカル(뮤지컬)

ミ	ュ	ー	ジ	ッ	ク				
ミ	ュ	ー	ジ	カ	ル				

2-7) リ 요음

リ ャ	リ ャ	リ ャ		
リ ュ	リ ュ	リ ュ		
リ ョ	リ ョ	リ ョ		

* 우리말의 (랴, 류, 료)에 가깝게 발음.

▶ 단어쓰기 익히기

🌀 リューマチ(류머티(관절병)), リュックサック(등산용 배낭)

リュ	ー	マ	チ					
リュ	ッ	ク	サ	ッ	ク			

2-8) ぎ 요음

ギャ	ギャ	ギャ		
ギュ	ギュ	ギュ		
ギョ	ギョ	ギョ		

* 우리말의 〔갸, 규, 교〕에 가깝게 발음.

▶ 단어쓰기 익히기

🌀 ギャラリ(미술관), ギュウギュウ(꽉), ギョーザ(만두)

ギャ	ラ	リ						
ギュ	ウ	ギュ	ウ					

ギョ	ー	ザ					

2-9) じ 요음

ジャ	ジャ	ジャ		
ジュ	ジュ	ジュ		
ジョ	ジョ	ジョ		

* 우리말의 〔쟈, 쥬, 죠〕에 가깝게 발음.

▶ 단어쓰기 익히기

🎵 ジャム(잼), ジュース(주스), ジョギング(조깅)

ジャ	ム						
ジュ	ー	ス					
ジョ	ギ	ン	グ				

2-10) び 요음

ビャ	ビャ	ビャ		
ビュ	ビュ	ビュ		
ビョ	ビョ	ビョ		

* 우리말의 [뱌, 뷰, 뵤] 에 가깝게 발음.

▶ 단어쓰기 익히기

デビュー(데뷔, 첫무대), ビューティー(아름다움)

デ	ビュ	ー						
ビュ	ー	ティ	ー					

2-11) ぴ 요음

ピャ	ピャ	ピャ		
ピュ	ピュ	ピュ		

ピョ	ピョ	ピョ		

* 우리말의 〔파, 퓨, 표〕에 가깝게 발음.

▶ **단어쓰기 익히기**

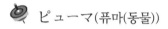 ピューマ(퓨마(동물))

ピ	ュ	ー	マ						

05. 히라가나·가타가나의 촉음 연습

히라가나와 가타가나의 촉음(促音)을 재미있게 따라 연습해 보자.

1) 「か」행의 음이 뒤에 올 때는 「ㄱ」으로 발음됨

▶ 단어 익히기

🎵 がっこう(학교), にっき(일기), がっき(악기), バッグ(가방)

が	っ	こ	う						
に	っ	き							
が	っ	き							
バ	ッ	グ							

2) 「さ」행의 음이 뒤에 올 때는 「ㅅ」으로 발음됨

▶ 단어 익히기

🎵 ざっし(잡지), あっしょう(압승), きっさてん(찻집), マッサージ(마사지)

ざ	っ	し						
あ	っ	しょ	う					

き	っ	さ	て	ん				
マ	ッ	サ	ー	ジ				

3) 「た」행의 음이 뒤에 올 때는 「ㄷ」으로 발음됨

▶ 단어 익히기

🪀 き<u>っ</u>て(우표), ヘルメ<u>ット</u>(헬멧), スイ<u>ッ</u>チ(스위치), ロケ<u>ッ</u>ト(로켓)

き	っ	て						
ヘ	ル	メ	ッ	ト				
ス	イ	ッ	チ					
ロ	ケ	ッ	ト					

4) 「ぱ」행의 음이 뒤에 올 때는 「ㅂ」으로 발음됨

▶ 단어 익히기

 きっぷ(차표), いっぷん(1분), コップ(컵), トップ(톱, top)

き	っ	ぷ							
い	っ	ぷ	ん						
コ	ッ	プ							
ト	ッ	プ							

06. 히라가나 · 가타가나의 발음(撥音) 연습

히라가나와 가타가나의 발음(撥音)을 신나게 따라 연습해 보자.

1)「ざ, た, だ, な, ら」행의 음이 뒤에 올 때는「ㄴ」으로 발음됨

▶ 단어 익히기

にんじん(당근), せんたく(세탁), うんどう(운동), おんな(여자)

に	ん	じ	ん					
せ	ん	た	く					
う	ん	ど	う					
お	ん	な						

2)「ま, ば, ぱ」행의 음이 뒤에 올 때는「ㅁ」으로 발음됨

▶ 단어 익히기

とんぼ(잠자리), しんぶん(신문), たんぽぽ(민들레), ハンマ(망치)

と	ん	ぼ						
し	ん	ぶ	ん					

240

た	ん	ぽ	ぽ						
ハ	ン	マ							

3) 「か, が」행의 음이 뒤에 올 때는 「ㅇ」으로 발음됨

▶ 단어 익히기

き<u>ん</u>か(무궁화), ま<u>ん</u>が(만화), て<u>ん</u>いん(점원), ワ<u>ン</u>ワン(멍멍)

き	ん	か							
ま	ん	が							
て	ん	い	ん						
ワ	ン	ワ	ン						

4) 「ㄴ」과 「ㅇ」의 중간음으로 발음

단어의 맨 끝이나 さ행과 모음(あ행), 반모음(や행・わ행), は행 음 앞에 오는 경우는 우리말의 「ㄴ」과 「ㅇ」의 중간음으로 발음됨. 단, さ행 앞에 오는 경우는 「ㅇ」보다는 「ㄴ」에 좀 더 가깝고, 모음, 반모음, は행 음 앞에 오는 경우는 「ㄴ」보다는 「ㅇ」에 좀 더 가깝게 발음됨.

▶ 단어 익히기

🌀 えほ<u>ん</u>(그림책), かば<u>ん</u>(가방), で<u>ん</u>わ(귤), し<u>ん</u>い(진의(真意))

え	ほ	ん							
か	ば	ん							
で	ん	わ							
し	ん	い							

히라가나 · 가타가나의 장음쓰기 연습

히라가나와 가타가나의 장음(長音)을 재미있게 따라 연습해 보자.

1) あ단(段)의 장음

「あ」를 붙여서 장음을 나타냄.

▶ 단어 익히기

 おか**あ**さん(어머니), おば**あ**さん(할머니), ハンガ**ー**(옷걸이)

お	か	あ	さ	ん					
お	ば	あ	さ	ん					
ハ	ン	ガ	ー						

2) い단(段)의 장음

「い」를 붙여서 장음을 나타냄.

▶ 단어 익히기

 おに**い**さん(형님, 오빠), おじ**い**さん(할아버지)

お	に	い	さ	ん					

お	じ	い	さ	ん					

3) う단(段)의 장음

「う」를 붙여서 장음을 나타냄.

▶ 단어 익히기

🎯 すうがく(수학), どうぐ(도구), ふうせん(풍선)

す	う	が	く						
ど	う	ぐ							
ふ	う	せ	ん						

4) え단(段)의 장음

「え」를 붙여서 장음을 나타냄. 한자어의 경우는 「え」를 붙여서 장음을 나타내는 경우도 있는데, 이 경우 발음은 [e : (에-)] 또는 [e i (에이)]로 발음함.

▶ 단어 익히기

🎯 おねえさん(누님, 언니), とけい(시계), せんせい(선생님)

お	ね	え	さ	ん					
と	け	い							
せ	ん	せ	い						

5) お단(段)의 장음

「う」, 「お」를 붙여서 장음을 나타냄. 한자어의 경우는 「え」를 붙여서 장음을 나타
내는 경우도 있는데, 이 경우 발음은 ［e : (에-)］ 또는 ［e i (에이)］로 발음함.

▶ 단어 익히기

🌀 おと<u>う</u>さん(아버님), く<u>う</u>こう(공항), ト<u>ー</u>スト(토스트)

お	と	う	さ	ん					
く	う	こ	う						
ト	ー	ス	ト						

08. 일본어 문장쓰기 연습 – 생활인사회화

생활인사회화 단문을 암기하면서 재미있게 따라 써 보자.

1) 기본 인사말 Ⅰ

🎯 おはよう ございます : 안녕하세요.(아침인사)

お	は	よ	う	ご	ざ	い	ま	す	。

🎯 こんにちは : 안녕하세요.(점심인사)

こ	ん	に	ち	は	。				

🎯 こんばんは : 안녕하세요.(저녁인사)

こ	ん	ば	ん	は	。				

◉ さようなら : 안녕히 가세요(계세요).

さ	よ	う	な	ら	。				

◉ おやすみなさい : 안녕히 주무세요.

お	や	す	み	な	さ	い	。		

◉ いただきます : 잘먹겠습니다.

い	た	だ	き	ま	す	。			

◉ ごちそうさまでした : 잘먹었습니다.

ご	ち	そ	う	さ	ま	で	し	た	。

2) 기본 인사말 II

◎ はじめまして : 처음 뵙겠습니다.

は	じ	め	ま	し	て	。			

◎ よろしく おねがい します : 잘 부탁드립니다

よ	ろ	し	く		お	ね	が	い	
し	ま	す	。						

◎ しつれいします : 실례합니다.

し	つ	れ	い	し	ま	す	。		

🎯 どうも すみません : 미안합니다.

ど	う	も		す	み	ま	せ	ん	。

🎯 いいえ，だいじょうぶです : 아니오, 괜찮습니다.

い	い	え、	だ	い	じょ	う	ぶ	で	す。

🎯 ごめんなさい : 죄송합니다.

ご	め	ん	な	さ	い	。			

🎯 おせわに なりました : 신세졌습니다.

お	せ	わ	に		な	り	ま	し	た。

💿 どうも ありがとうございます : 대단히 감사합니다

ど	う	も		あ	り	が	と	う	ご
ざ	い	ま	す	。					

💿 どういたしまして : 천만에요

ど	う	い	た	し	ま	し	て	。	

3) 기본 인사말 Ⅲ

💿 おげんきですか : 안녕하세요(잘 지내십니까).

お	げ	ん	き	で	す	か	。		

🌀 はい、 おかげさまで : 네, 덕분에

は	い	、	お	か	げ	さ	ま	で	。

🌀 いってきます : 다녀 오겠습니다.

い	っ	て	き	ま	す	。			

🌀 いってらっしゃい : 잘 다녀 오세요.

い	っ	て	ら	っ	しゃ	い	。		

🌀 ただいま : 다녀왔습니다.

た	だ	い	ま	。					

◉ おかえりなさい : 이제 오세요.

お	か	え	り	な	さ	い	。		

◉ おひさしぶりです : 오래간만입니다.

お	ひ	さ	し	ぶ	り	で	す	。	

◉ おめでとうございます : 축하합니다.

お	め	で	と	う	ご	ざ	い	ま	す。

◉ おつかれさまでした : 수고하셨습니다.

お	つ	か	れ	さ	ま	で	し	た	。

● いらっしゃいませ : 어서 오십시오.

い	ら	っ	しゃ	い	ま	せ	。		

● また、おこしください : 또 오십시오.

ま	た	、	お	こ	し	く	だ	さ	い。

09. 일본어 문장쓰기 연습 – 생활기초회화

생활기초회화 단문을 암기하면서 신나게 따라 써 보자.

1) 기본 회화문 ㅣ

● いいですね : 좋군요.

い	い	で	す	ね	。				

● やさしいですね : 친절하시군요.

や	さ	し	い	で	す	ね	。		

● うつくしいですね : 아름답군요.

う	つ	く	し	い	で	す	ね	。	

● かわいいですね : 귀엽군요.

か	わ	い	い	で	す	ね	。		

● おいしいですね : 맛있군요.

お	い	し	い	で	す	ね	。		

● おもしろいでね : 재미있군요.

お	も	し	ろ	い	で	す	ね	。	

● あたたかいですね : 따뜻합니다.

あ	た	た	か	い	で	す	ね	。	

🎯 いそがしいです : 바쁩니다.

い	そ	が	し	い	で	す	。		

2) 기본 회화문 Ⅱ

🎯 じょうずですね : 능숙하군요.

じょ	う	ず	で	す	ね	。			

🎯 へたです : 서툽니다.

へ	た	で	す	。					

🎯 まじめですね : 성실하군요.

ま	じ	め	で	す	ね	。			

🪀 たいへんですね : 큰일이군요.

た	い	へ	ん	で	す	ね	。		

🪀 しずかですね : 조용하군요.

し	ず	か	で	す	ね	。			

🪀 すてきですね : 멋지군요.

す	て	き	で	す	ね	。			

🪀 きれいですね : 예쁘군요.

き	れ	い	で	す	ね	。			

🌀 たいせつです : 중요합니다.

た	い	せ	つ	で	す	。			

🌀 すきです : 좋아합니다.

す	き	で	す	。					

🌀 きらいです : 싫어합니다.

き	ら	い	で	す	。				

3) 기본 회화문 Ⅲ

🌀 これは なんですか : 이것은 무엇입니까.

こ	れ	は		な	ん	で	す	か	。

🌀 これは いくらですか : 이것은 얼마입니까?

こ	れ	は		い	く	ら	で	す	か。

🌀 あなたは おいくつですか : 당신은 몇 살입니까?

あ	な	た	は		お	い	く	つ	で
す	か	。							

🎯 どう いけば いいですか : 어떻게 가면 됩니까?

ど	う		い	け	ば		い	い	で
す	か	。							

🎯 リツカルトンホテルは どこに ありますか : 리츠칼튼호텔은 어디에 있습니까?

リ	ツ	カ	ル	ト	ン	ホ	テ	ル	は
ど	こ	に		あ	り	ま	す	か	。

🌀 ちかてつの えきは どちらですか : 지하철 역은 어느 쪽입니까?

ち	か	て	つ	の		え	き	は	
ど	ち	ら	で	す	か	。			

🌀 これは にほんごで なんと いいますか : 이것은 일본어로 뭐라고 합니까?

こ	れ	は		に	ほ	ん	ご	で	
な	ん	と		い	い	ま	す	か	。

🌀 バスターミナルまでは どの くらい かかりますか
　　: 버스터미널은 얼마나 걸립니까?

バ	ス	タ	ー	ミ	ナ	ル	ま	で	は
ど	の		く	ら	い		か	か	り
ま	す	か	。						

| 지은이 소개 |

김태광(金泰光)

- 경동대학교 교수
- 일본문부성 국비장학생
- 일본국립 고베대학교 대학원 일문학과 석사, 박사
- Doctor of Philosophy

^{비전}
Vision 대학일본어(상)

2024년 12월 25일 초판 1쇄 인쇄
2024년 12월 30일 초판 1쇄 발행

지은이 김태광
펴낸이 진욱상
펴낸곳 (주)백산출판사
교　정 성인숙
본문디자인 오행복
표지디자인 오정은

저자와의
합의하에
인지첩부
생략

등　록 2017년 5월 29일 제406-2017-000058호
주　소 경기도 파주시 회동길 370(백산빌딩 3층)
전　화 02-914-1621(代)
팩　스 031-955-9911
이메일 edit@ibaeksan.kr
홈페이지 www.ibaeksan.kr

ISBN 979-11-6567-961-3 93730
값 17,000원